中国建筑名师丛书

杨永生 主编

陈植

娄承浩　陶祎珺　著

中国建筑工业出版社

图书在版编目（CIP）数据

陈植/娄承浩，陶祎珺著．—北京：中国建筑工业出版社，2012.1
（中国建筑名师丛书）
ISBN 978-7-112-13829-6

Ⅰ.①陈… Ⅱ.①娄…②陶… Ⅲ.①陈植（1902~2001）-传记 Ⅳ.①K826.16

中国版本图书馆CIP数据核字（2011）第249224号

责任编辑：王莉慧　徐　冉　李　鸽
责任设计：陈　旭
责任校对：党　蕾　陈晶晶

中国建筑名师丛书
杨永生　主编
陈　植
娄承浩　陶祎珺　著

*

中国建筑工业出版社出版、发行（北京西郊百万庄）
各地新华书店、建筑书店经销
北京嘉泰利德公司制版
北京建筑工业印刷厂印刷

*

开本：850×1168毫米　1/32　印张：$3^3/_8$　字数：76千字
2012年5月第一版　2012年5月第一次印刷
定价：15.00元
ISBN 978-7-112-13829-6
（21610）

版权所有　翻印必究
如有印装质量问题，可寄本社退换
（邮政编码 100037）

陈植（1902~2002）

字直生，我国最年长的百岁建筑师之一。早年与赵深、童寯合创华盖建筑事务所，留下诸多不朽作品；曾在东北大学、之江大学、同济大学等任教，为新中国培养了一大批栋梁之才；还参与了上海中苏友好大厦工程，设计了鲁迅墓，主持了闵行一条街、张庙一条街等重点工程；晚年致力于上海的文物保护、建设、修志等工作。他的一生折射出中国第一代建筑师的百年奋斗历程。

前 言

《中国大百科全书》建筑·园林·城市规划卷第一版列入"建筑师"条目中的我国第一代建筑师有：庄俊、吕彦直、刘敦桢、赵深、童寯、梁思成、杨廷宝、陈植。这八位德高望重的建筑界前辈，是社会公认的大师。

陈植先生年寿最长，他是我国第一代建筑师中唯一荣获1989年建设部首批授予"中国工程设计大师"称号的建筑师，又是唯一跨入21世纪的百岁建筑师。在他百岁寿辰时，建筑界的同仁纷纷致信、写文章、发表谈话，称赞他在长期的建筑教育和建筑设计工作中教育、培养、熏陶、影响了整整一代建筑师；他的设计作品已成为中国建筑事业发展的重要里程碑；他的建筑创作思想已成为中国建筑学界不可多得的宝贵财富。

对于这样一位我国建筑界的宗师，他的同仁和学生最了解、最有发言权，但是时光流逝，岁月无情，许多第二代、第三代建筑师都已年逾古稀。同济大学冯纪忠教授2009年逝世了，第二代建筑师只有现代建筑设计集团九十九岁高龄的汪定曾总建筑师一人健在。我们意识到唯有抓紧时间，才不会使陈植先生的历史材料流失和史实误传。

我们从2008年起就着手为建立陈植先生名人档案，收集整理有关他的生平、事迹、设计作品、著作文稿、书法绘画和字迹及照片，试图建档留史。计划在材料丰满后，编著《陈植大师影踪》一书，让历史记忆通过书籍传承。

我们从上海图书馆的缩微胶片中、同济大学图书馆的地下室书库里、同济大学校史馆、现代建筑设计集团档案库房和同济大学城规学院资料室里寻找到陈植先生有关材料。每当我们获得一些线索，寻找到一份材料，都如获至宝，再劳累也感欣慰。

陈植先生的儿子艾先生已届八十，他将自己珍藏的陈植先生的材料提供给我们，他说对陈植先生的评述不应由家人作出，而应由第三者作出客观的、全面的评说，才能公正无私。他将点滴对陈植先生的回忆讲给我们听，不断地将回忆起的补充材料发邮件给我们。这是从另一个侧面了解和认识陈植先生的材料，家里是私人空间，最能反映一个人的真实面貌。

我们经过三年多来不断的努力，将散落在各处有关陈植先生的材料集中起来，梳理后准备编著出书时，中国建筑工业出版社送来了及时雨，将陈植先生列为建筑名师丛书计划，陈艾先先生向出版社推荐我们承担编书工作。

陈植先生是我们崇敬的前辈，我们小辈有幸编著他的书深感压力很大，我们会尽力把书稿写好。我们是从档案史料工作者角度编著这本书，尊重史实、客观评价是我们的基本原则，在我们撰写的文章里直称陈植，不称各个时期称谓，这不是我们对陈植先生的不尊敬，任何伟人在历史中有许多称谓，唯有姓名是最响亮的。

愿我们这本书作为一朵鲜花加入到《中国建筑名师丛书》鲜花篮中，敬献给陈植先生和他们那一代前辈建筑师们，以表示我们后人对他们的怀念和敬意。

2011年5月于上海

目　录

书香门第的沃土…………………………………… 1
奋发向上的环境…………………………………… 7
结识好友梁思成…………………………………… 10
宾大相识林徽因…………………………………… 14
设计竞赛获大奖…………………………………… 18
东大建筑系教授…………………………………… 22
梁陈童蔡事务所…………………………………… 25
华盖"三杰"聚一堂……………………………… 28
辉煌业绩树旗帜…………………………………… 33
创办之江大学建筑系……………………………… 41
金瓯卜诚邀入华东院……………………………… 47
上海中苏友好大厦………………………………… 51
上海鲁迅墓………………………………………… 55
上海闵行一条街…………………………………… 60
繁荣建筑创作……………………………………… 65
锦江小礼堂………………………………………… 70

十大建筑献计献策……………………… 73
工程师合唱团指挥……………………… 78
上海文物建筑保护……………………… 81
关心市政直言不讳……………………… 85
心系修志告诫传误……………………… 89
怀念好友流露真情……………………… 92
爱妻爱子感情深切……………………… 95

主要参考书目…………………………… 97
主要参考文献资料……………………… 98

书香门第的沃土

2012年11月15日，是建筑大师陈植诞生110周年纪念日。我们为缅怀这位中国第一代杰出建筑师，想尽我们的绵薄之力为他树碑立传。

陈植和其爱妻董鹭汀合葬于上海青浦的福寿园，墓是由他的长子艾先亲自设计的，儿子深知父亲的秉性，生前爱憎分明，明辨是非，为人低调，不爱张扬，故而墓石由两块正方形黑白相间的大理石组合而成，没有繁杂、华丽的修饰，简洁而雅致。

福寿园是个与传统墓地完全不同的人文公园式墓园，许多文化名人如复旦大学校长陈望道、电影表演艺术家金焰、电影明星上官云珠、电影大师谢晋、著名科学家彭加木、著名焊接专家曾乐、教育家赵宪初等都安息在这草木芳华的生态公园里。陈植与这些先贤在一起，我们感到十分欣慰。

陈植生前做人低调，从不渲染自己。他的长子艾先秉承父亲的教规，一直坚守着"先父的历史，家人不便评述，应由第三者作客观的、全面的评说"的理念，我们作为陈植曾经长期担任院长的设计院的后辈，感到有责任将陈植的精神财富传承下去。陈植的碑已有，传记则由我们后人为他写。

陈植，1902年11月15日出生，2002年3月20日逝世，是新中国最年长的百岁建筑师。在整整一个世纪里，陈植亲历并见证了中国建筑师的诞生、奋斗和成长的各个阶段，他的一生亦折射出中国建筑师百年奋斗的历程。

大树高耸，根系沃土，一位名家的出现并非偶然。浙江是个人杰地灵的好地方，陈植出生在浙江杭州名门世家，祖父陈豪，字蓝洲，号止庵老人，是清末浙江数一数二的书画家；父亲陈汉第，字仲恕，号伏庐，是中国近代著名书画家，在篆刻金石上造诣很深。陈植从小饮着钱塘江的水，沐浴着吴越文化，浸染于书画大家的熏陶，生长于这一方沃土，根正苗壮定能成为参天大树。

封建王朝时代的科举制鼓吹"万般皆下品，惟有读书高"，选拔官员从优等生中录用。清朝从各地秀才生中选出成绩优异者，升入京师的国子监读书的称贡生，即为皇上培养有用之才，贡生相当于举人副榜。陈豪是清代同治五年（1870年）的优贡生，曾在湖北汉阳当知县，后又在应城、蕲水、汉川当知县，史料中有关他从政的记载仅有寥寥数字，并称有廉吏的口碑，后来因养母年老归家侍奉，弃官后专致书画，留下大量作品，至今仍成为收藏家们追捧的佳品。陈豪的书法属苏轼流派。北宋苏轼书法出自颜真卿，但又有创新，他提出"书必有神、气、骨、肉、血，五者缺一不可"是他书法实践的感悟。

陈豪追求苏轼风格，书写流畅、凝重又豪放。他画山水承用墨干湿并举，意境俊逸。有人评论他的山水画神似"四王[①]后劲"的戴熙。他画花卉，功力深厚，设色运笔能得名家罗南河的神韵，有人评论其花卉画自浙江名家奚冈、黄易之后，当从第一。他的《安

[①] 四王——明末清初四位山水画名家的合称，他们是：王时敏、王鉴、王翚和王原祁。

详疏影图》轴被故宫博物院收藏,《苍松图》轴和著作《冬暄草堂诗集》被宁波天一阁收藏。

陈豪①生有三个儿子,光第(昌第)早年病逝,剩下汉第和敬第,后来都成为国家栋梁。陈植的父亲陈汉第②,自幼聪颖,勤奋好学,成为贡生。1894年中日甲午战争清军惨败,国内民众反对清廷腐败,强国革新呼声高涨,各地纷纷创办新式学堂,培养强国人才。杭州同乡人汪康年在康有为"强学会"的影响下,竭力主张"富强之由,培育人才"。

1895年夏天,汪康年回到故乡与友人陈汉第商议在浙江兴办新式学堂,京城军机处任官的朱智在家养老,二人向他表明心意后,三人一拍即合。于是,顶着旧势力保守派官绅极力反对的压力,各处奔走,积极宣传。正在这时,颇重储才崇实的廖寿丰③调任浙江巡抚,认为"国家要策励图强,应创办新学开发民智"的林启④从衢州调任杭州知府,他在廖寿丰的支持下,利用杭州蒲场巷(今大学路)普济寺僧人不法安监,查处后没收的寺产兴办新式学堂,并为之命名为"求是书院"。

1897年,几经周折后书院获得清廷的批准,同年5月21日正式开学,林启兼任求是书院总办,相当于今天的校长。举人陆

---

① 陈豪(1839~1910):字蓝洲,号止庵老人。清末著名的书画家,名列中国美术家大辞典,绘画精品收入故宫博物院、纽约大都会博物馆。
② 陈汉第(1873~1949):字仲恕,号伏庐。杭州求是书院(浙江大学前身)的创办人之一,工书善画,擅绘松竹,曾长期任故宫博物院委员。
③ 廖寿丰(1836~1901):清江苏嘉定(今上海嘉定)人。字谷似,又字暗斋,晚年自号止斋。咸丰八年(1858年)举人。同治十年(1871年)进士,改庶吉士,为国史馆编修。光绪十九年,为浙江巡抚。
④ 林启(1839~1900):生于清道光十九年(1839年),字迪臣,福建侯官人。他是清同治甲子(1864年)举人,于清光绪丙子二年(1876年)中进士,担任过编修、陕西学政,后又任浙江道监察御史。提出过"简文法以核实政、汰冗员以清仕途、崇风尚以挽士风、开利源以培民命"的政治主张。

懋勋为监院,相当常务副校长,贡生陈汉第为副监院,相当主管教务和总务的副校长。第二年陆懋勋进京应礼部考试,辞去监院,由陈汉第升替。普济寺大殿作为办公用地,大殿两侧厢房作为校舍和教室。

书院成立后,陈汉第为操办书院事务奔走操劳,书院内氛围积极向上,革命思想亦蓬勃发展。其间,蒋百里①等学生的安危不禁牵动着陈汉第的心。

甲午战争清军战败,这让求是书院里一批血气方刚的热血青年心痛不已,尤其让蒋百里痛心疾首,不由得失声痛哭,立誓为国效命。庚子年(1900年)八国联军攻占北京城,考入求是书院年仅18岁的他和一批进步学生成立"励志社",发表文章抨击时局,引起了官府的注意,并向书院施加压力要严惩他。陈汉第闻讯后焦急万分,他知道蒋百里对时局有如此见解,可见此人观察力强,思维敏锐尖利,将来必是可造之材,一定要设法保护他。于是陈汉第亲自找他谈话,开诚布公地对他说:"你对政治的不平是理所当然的,但不可落痕迹,最忌开诸笔墨"。是年冬天蒋百里听闻唐才常②在汉口组织"自立军"被官府杀害的消息后,又激于义愤赋诗发表以示悼念。书院抵不住官府压力,只得想出两全之计,明里先将他列入拟开除名单,交差蒙混过去,暗地陈汉第和方县令、林知府合计后,将蒋百里加到书院第二批派送日本留学计划名单中,再将蒋尊簋、王嘉榘等18名学生派送日本理学,从而逃脱了官府的追踪。后来蒋百里在日本留学后又到德国留学,回国后担

---

① 蒋百里(1882~1938):原名蒋方震,字百里。中国近代著名军事理论家、军事教育家。

② 唐才常(1867~1900):字伯平,号佛尘,汉族,湖南浏阳人,清末维新派领袖。是中国近代史上著名的政治活动家。贡生,与谭嗣同时称长沙时务学堂教习中的"浏阳二杰",戊戌政变后,去日本、南洋集资,回沪后创"自立会",旋于汉口谋发动自立军起义,事泄被捕就义。有《唐才常集》。

任保定陆军军官学校校长，还担任过陆军大学代校长，成为中国近代著名军事理论家。陈汉第的识才、爱才，受到人们的钦佩。

求是书院1902年改成浙江大学堂，陈汉第离开书院，与胞弟陈敬第远渡日本留学。学成归国后，东北三省总督赵尔巽①闻讯汉第的杰出才干，招他在幕下负责对日的交往事务，从此步入政坛。民国成立后，袁世凯组阁物色他为总统府秘书。1913年，民国第一任民选总理熊希龄②组阁时，委任他为国务院秘书长。熊希龄反对袁世凯独裁统治遭到报复被迫辞职，陈汉第跟随熊希龄转向慈善事业。1918年在北京香山静宜园创办香山慈幼院，熊希龄当院长，陈汉第和夫人吴善荫全心投入，一个为董事长，一个为董事。1924年孙宝琦③出任北京政府国务总理时，委任陈汉第为印铸局④局长，虽然任职时间不长，但对他一生钻研金石书画产生很大影响。

陈汉第除从政以外，还曾担任清史馆编纂和协调各部门的提调，民国时期担任故宫博物院委员，对诗词古文、书画金石皆有造诣。1937年"七·七卢沟桥事变"后，敌伪赏识他的才能，因其又曾在日本留学过，想请他出山，他听到风声连忙带着家人迁居上海，在长宁路（原名白赛仲路）兆丰别墅租屋当起愚公。

陈植从小家教严格。在他幼年尚不懂事时，看到北京家中大

---

① 赵尔巽（1844~1927）：字公镶，号次珊，又名次山，又号无补，清末汉军正蓝旗人，祖籍奉天铁岭。清代同治年间进士，授翰林院编修。主编《清史稿》，"二十六史"之一。袁世凯称帝时，被尊为"嵩山四友"之一。

② 熊希龄（1870~1937）：字秉三，别号明志阁主人，双清居士。晚年学佛，又有佛号妙通。湖南省凤凰县镇竿镇（今沱江镇）人。中国资产阶级政治家，北洋政府总理。清光绪年间先中举人，继中进士，授翰林院庶吉士。受梁启超、唐才常的影响，主张维新立宪。

③ 孙宝琦（1867~1931）：字幕韩，晚年署名孟晋老人。浙江杭州人。山东巡抚、北京政府国务总理。幼好学。以父荫任户部主事，后改任候补直隶道员，军机处官报局局长，曾经创设育才学堂及开平武备学堂。

④ 印铸局：是掌管官用文书、票券、勋章、徽章、印信、关防、图记的机构。

鱼缸里的金鱼自由嬉戏,很是好奇,于是将手伸进鱼缸去捉鱼。捉到鱼儿便拿在手里把玩,似是有趣,却不留神把鱼儿捻死了。事后,祖父把家里的人叫来追查,责问是谁干的。陈植勇敢地从孩子们中站出来认错,低下头准备接受祖父的惩罚。此时,一贯严厉的祖父,神情严肃,却语态平和地说"你勇敢地认错很好,要做诚实的孩子",忐忑不安的陈植终于轻舒一口气,确也认识了错误,更是意识到做事有责任有担当,为人要正直、诚实。从此,孩子们都把陈植的名字叫成谐音"诚实"。孩童时代陈植的这段故事,给了他终身的教诲:不说假话,做诚实的人。

陈植祖父和父亲的为人、文化修养亦潜移默化地影响着他,让年幼的他就知道要勤奋读书,增强才干,从而报效国家。他与前辈们一样不仅成绩优异,还习得英语、德语和法语等多国语言,并师从名家学习中国画,在出国留学期间学习西洋水彩画和声学。坚实的文化基础和深厚的文化修养为造就一代建筑大师铺垫了道路。

虽然陈植的祖父和父亲都走了一条读书做官从政的道路,但是目睹军阀混战,政治腐败,又都毅然弃官隐居寓所。陈植从小就懂得诚实做人,他的祖父还曾赠他"深思好学"横幅,他一直珍藏着,经常以此对照和勉励自己。

奋发向上的环境

北京礼士胡同在东四附近往南不远处,是一条东西向的胡同。在明清时期,这里是贩卖驴骡的农贸市场。清末宣统年间,废除了"驴市胡同",盖起了一座大宅院,改名"礼士胡同"。这条有着一百多年历史的老街巷,两侧灰色的墙壁和瓦屋,曾经居住过乾隆年间的宰相刘墉①,光绪年间大学士敬信②,清末军机大臣世续③等名人。

年轻的陈植

---

① 刘墉(1719~1804):字崇如,号石庵,另有青原、香岩、东武、穆庵、溟华、日观峰道人等字号,清代书画家、政治家。

② 敬信(1833~1907):正白旗满洲宗室,爱新觉罗氏。光绪二十九年四月由吏部尚书补协办大学士,同年八月补大学士,光绪三十九年九月休致。

③ 世续(1852~1921):字伯轩,索勒豁金氏,隶内务府满洲正黄旗,清末军机大臣。

陈汉第在京城从政时，住在礼士胡同一座四合院里，陈植在孩童时随父进京，在那里上学读书。他原名陈植善，字直生，是陈汉第与陆召南夫人生的孩子，但是陈植出生百日不及，陆夫人就不幸离世，他从小由奶妈抚育长大，父亲忙于政务，少有闲暇顾及孩子，空旷的四合院不由得使他感到些许孤独。好在奶妈十分喜欢活泼聪明的陈植，不仅生活上无微不至地照料，也常领着他在胡同里溜弯儿，给他讲故事。

陈植的叔父陈敬第，字叔通，号云渭，比陈汉第小两岁，26岁中举人，次年中进士，接着考入翰林院，与汉第曾同去日本留学，归国后在宪政调查局当会办。1910年在资政院供职，辛亥革命后任民选第一届国会议员，主张君主立宪制，同情革命党人，从事反对袁世凯的秘密工作。因痛恨官场上的尔虞我诈，最终离开政坛，担任北京日报经理。1915年应张元济邀请离京到上海担任商务印书馆常务董事。敬第因其家学渊源，工于古文诗词，擅长古旧体诗，喜好金石古玩，在家时雅兴花草，常寄情诗画。育有三男二女，都是善字辈，依次是鸣善（后更名鸣一）、选善、翊善、循善，还有一女早年故去，陈植与他们亲如手足。陈植每次去叔父家都是他最高兴的时候，孩子们有说有笑，嬉戏玩乐，让他忘记了孤独，沉浸在欢乐之中。因此陈植常常去叔父家后就不愿回家，当时陈汉第也忙于政务，与陈敬第商量后，将陈植寄宿在他家。

天性活泼的陈植加入到孩子们圈后，更加热闹。他个子比较矮小，比不过别人，但生性又不服输，所以比个子高低时，他明知比不过，机灵地溜到高处说"我比你高"。在孩子中他最活跃，一会儿窜到前一会窜到后，装怪脸学耍猴。放学回家，孩子们一起做功课，还经常比成绩，学业上这种争先恐后、奋发向上的氛围，充分地激发出这群孩子们的聪明才智与好学精神。

陈植这棵钱塘江畔的幼苗，童年时接江南人杰地灵之灵气，青年时受京城皇家文化之熏陶，茁壮成长。1915年他以优秀的成绩考入清华学校，1923年作为公派生赴美留学，1928年获得建筑学硕士学位。叔父的儿子陈鸣善和陈循善亦很优秀，一个获得哥伦比亚大学哲学博士，另一个获得德国博士。

结识好友梁思成

清华学堂是清政府在 1911 年用美国退还的庚子赔款,在北京建立的留美预备学堂,选址清华园。最初的校园规划是由美籍奥地利建筑师埃米尔·斐士①(Emil Sigmund Fischer)设计,辛亥革命后,清华学堂在 1912 年 10 月改为清华学校,1914 年由美国建筑师墨菲②(Henry·Killam·Murphy)为学校做了第二个校园规划,并

1924 年陈植(前排正中)与梁思成(左一)、林徽因(左三)等留美学生在纽约国际大厦前合影

---

① 埃米尔·斐士(1865~1945):奥地利籍犹太人,1865 年生于维也纳,1906 年来到中国。

② 亨利·墨菲(Henry Killam Murphy,1877~1954):又译茂飞,美国建筑设计师,他曾在 20 世纪上半叶在中国设计了雅礼大学、清华大学、福建协和大学、金陵女子大学和燕京大学等多所重要大学的校园,并主持了首都南京的城市规划,是当时中国建筑古典复兴思潮的代表性人物。

设计了图书馆、大礼堂、科学馆和体育馆,当时第二批庚子赔款留美学生庄俊被召回学校,任清华学校讲师和驻校建筑师,配合墨菲设计,当助手。

陈植考取清华学校时,学校正在大兴土木,当时还是八年制留美预备学校。教师是从美国直接招聘,教材仿照美国学堂,学校的宗旨是"培养全才,增进国力"。进清华学校的都是优等生,学业紧张,考试频繁,跟不上的学生即被淘汰,有人曾

陈植(右1)与梁思成(右3)等同学留影

统计过在1911~1921年间学生淘汰率竟高达32%,能坚持下来的可以说都是百里挑一的佼佼者。

清华学校分中等科、高等科,学制各四年。中等课程是英语训练,上课交流、听名人演讲、校长训话、校方出的布告和校训全部使用英语,甚至连学生排练演出戏剧、歌舞也要用英语,几乎全英文的环境为学生们走出国门进行交流与学习扫清了语言障碍。高等课程是学习美国大学的基础课,毕业后公费派送美国留学,一般都可直接进入美国大学二三年级学习。学校实行寄宿制,对学生的起居、学习等生活实施封闭型军事化管理,学生未经许可,不准擅自离校。在这样一种严格的管理环境下,造就了一批成绩优异、严于律己的英才。

梁思成与陈植是同班同学,还同住一个寝室。他是我国近

陈植（左）与梁思成（右）合影

代著名思想家梁启超①的长子，生于日本，1912年随父母回国，1915年考入清华学校，他成绩优秀，爱好美术、音乐和运动。与陈植有着相似的家庭背景，兴趣爱好相投，二人一见如故，很快成为了志同道合的知心朋友。

陈植回忆说："在清华的八年中，思成兄显示多方面的才能，善于钢笔画，构思简洁，用笔潇洒。曾在《清华年报》（1922~1923）任美术编辑，酷爱音乐，与其弟思永及黄自等四五人向张蔼贞女士学钢琴，他还向菲律宾人范鲁索学小提琴。在课余孜孜不倦地学奏两种乐器是相当艰苦的，他却引以为乐。约在1918年，清华成立管乐队，由荷兰人海门斯指挥，1919年思成兄任队长，他吹法国号（圆号），亦擅长短笛……此外，思成还与吴文藻②、徐宗漱等四人，将威尔斯的

---

① 梁启超（1873~1929）：字卓如，号任公，又号饮冰室主人、饮冰子、哀时客、中国之新民、自由斋主人，清光绪举人。广东新会人，中国近代维新派代表人物，近代中国的思想启蒙者，民初清华大学国学院四大教授之一、著名新闻报刊活动家。

② 吴文藻（1901~1985）：江苏江阴人，中国著名社会学家、人类学家、民族学家。吴文藻先生是中国社会学、人类学和民族学本土化、中国化的最早提倡者和积极实践者。妻子冰心。

《世界史纲》译成中文，由商务印书馆出版。"①这段回忆反映了当时陈植对梁思成才艺的敬佩，他不仅参加梁思成为队长的管乐队，担任其中的吹奏员，还参加合唱团，在梁思成这个学生小领袖的带动下，学生们的课余生活更加丰富多彩。

梁思成之父梁启超，与清华学校素有渊源。1914年他辞去熊希龄内阁司法总长后逐渐脱离政界，经常到清华学校讲授"国学源流"、"孟子"、"墨子"等，给充满着西学氛围的清华园注入一汪国学清泉。陈植多次听他的讲学，领悟到国学的魅力，对大师的渊博知识、扎实的学术作风留下了深刻的印象。梁启超与陈植父亲和叔父亦是挚友，上一代友情传承到下一代，更显亲密无间。陈植常赞叹梁思成"性格爽直，精力充沛，风趣幽默，所以他觉得与我意气相投，成为知己。"

---

① 林洙：《梁思成、林徽因与我》，清华大学出版社，2004年6月版。

宾大相识林徽因

1923年陈植与梁思成从清华学校毕业,即将赴美深造,行前面临专业的选择。陈植说:"建筑是无声的音乐,两者气息相通,有主调,有韵律,有节奏,有起伏,思成兄在音乐方面的修养,绘画方面的基础,可能促使他在1923年清华毕业之前选择建筑作为专业。当时,清华1918级的朱彬①、1919级的赵深、1921级的杨廷宝②已在宾夕法尼亚大学专攻建筑,朱彬即将返国,经思成兄的鼓励,我欣然接受了他的建议同往费城就学。"

陈植与林徽因等留学生在一起

于是,两人打算一起赴美留学,不料

---

① 朱彬(1896~1971):在宾夕法尼亚大学专攻建筑。与关颂声、杨宽麟、杨廷宝等人创办并负责基泰工程司。

② 杨廷宝(1901~1982),字仁辉,河南南阳人,中国现代建筑史上最杰出的建筑家和建筑学教育家之一。

同年5月7日,梁思成和弟弟思永同骑一辆摩托车去天安门广场参加"二十一条国耻日"纪念活动,路上被汽车撞伤,右腿骨折,脊椎扭伤,一个月内动了三次手术,只好在家养伤,推迟一年出国留学。1924年,他携女友林徽因一起去美国宾夕法尼亚大学建筑系学习,陈植在那里见到了昔日的老同学,重逢的喜悦溢于言表。

陈植(上左一)与梁思成(下左二)、林徽因(下左一)在美国宾夕法尼亚大学校园内

宾夕法尼亚大学位于美国宾夕法尼亚州的费城,由著名科学家富兰克林创办于1740年,是美国著名的高等学府。校园内哥特式建筑风格的校舍环抱于苍葱绿荫中,建筑系是一幢3层楼房。当时,哈佛、麻省理工和宾大齐名美国建筑学的三大宗师学院,皆培养出一大批杰出的建筑师。

宾大的建筑系和美术系皆隶属艺术学院,这种体制是受巴黎美术学院的影响,欧洲学院派将建筑、雕塑、绘画作品有机地融合在一起,建筑本身也是用繁复的装饰和线条以及恰当的比例和色彩综合而成,一幢经典的建筑就好比一尊珍贵的艺术品。宾大建筑系建筑设计的两位著名教授斯敦·凡尔特和保尔·克雷,都毕业于法国巴黎美术学院,是当时欧美学院派很有影响的人物。第一次世界大战后,许多欧洲的建筑师都到美国谋生发展,这里吸纳了来自世界各地的优秀人才，宾大建筑系亦吸引着一批中国优秀学生。

林徽因是著名学者、政治活动家林长民①的女儿，美丽聪颖的林徽因1920年考入英国伦敦圣玛丽学院，她英文好，秉承其父善于作诗的天赋，文学功底深厚。在英国时，她的房东是一位建筑师，经常带她去写生和绘画，逐渐地意识到建筑师是在大自然中塑造美的艺术家，从而萌发了她对建筑师的憧憬向往，播下了筑梦的种子。然而当时，建筑系学生经常要在晚间做图画作业，而女生深夜不宜在画室，所以校方规定建筑系只招收男生，不收女生。出于无奈，林徽因只好改入美术系，建筑专业作为其选修课，梁思成则顺利地进入建筑系学习。

陈植经梁思成介绍后，结识了林徽因，一样的志趣相投，使他们成为了好朋友。个性开朗的陈植与梁思成、林徽因这对才子佳人，经常玩笑嬉戏，且与一同赴美的中国留学生常有聚会，只要陈植和林徽因出现，总是充满着笑声。

梁思成的父亲梁启超、林徽因的父亲林长民、陈植的父亲陈汉第，这三位辛亥革命后政坛上的风云人物，在建立立宪共和的征途上遭遇挫折，而他们的子女又不约而同地在走上一条学习西方科技实业强国之路，因为同一个报国的梦想而有缘相聚于此，让人欣慰不已。

宾大建筑系每一天课程都安排得很紧，上午上课，下午做作业，晚上还要绘图，同学们都是十分刻苦，陈植回忆说："我们常在交图前夕彻夜绘图和渲染。"虽然学业紧张，课余时间梁思成、林徽因还是经常约陈植一起去郊外散步，兴致好的时候还到蒙哥马利、

---

① 林长民（1876~1925），汉族，福建闽侯（今福州）人。幼名则泽，字宗孟，自称苣苳、苣苳子、又号桂林一枝室主，晚年号双栝庐主人。

切斯特、葛底斯堡等郊县去参观福谷和白兰地韦恩战场、拉德诺狩猎场和长青公园，梁思成对盖顶的桥很感兴趣，陈植则陶醉于那连绵起伏的绿色田野。逛集市时，一面逛逛店铺各种杂货，一面买些水果和零食，梁思成喜欢吃黎巴嫩香肠和瑞士干奶酪，林徽因则喜欢吃油炸燕麦包，而陈植不太喜欢吃，要吃就吃独具风味的史密尔开斯。

每到节假日，生活在异国的中国留学生都会聚到一起，在哥伦比亚大学读书的陈选善、陈鸣善和陈植的胞姐陈意也都会赶来，当然也少不了陈植的女友董鹭汀。董鹭汀是董显光[①]的女儿，赴美学习音乐，在游船上结识了从燕京大学毕业后赴哥伦比亚大学读家政的陈意，抵美后经陈意介绍与陈植交往成为好朋友。二人都喜爱音乐，情投意合，美妙的音乐将二人的心拉到了一起，最终结为终身伴侣，相伴一生。

[①] 董显光（1887~1971）：出生于浙江宁波，1912年进入哥伦比亚大学普利策新闻学院攻读硕士学位，回国途中巧遇孙中山，经孙中山介绍出任上海英文《民国西报》副主笔，1916年受聘担任英文《北京日报》主笔。1925年他在天津创办《庸报》，是民国初期著名的报人。

设计竞赛获大奖

宾夕法尼亚大学建筑系后来又来了毕克莱和登格勒教授，二人崇尚建筑与艺术的融合，注重理论与实践的结合，经常会给学生出一些命题作业，如：修复毁损的历史建筑，新建一座凯旋门等等。通过命题作业的习作，学生们平日里学到的理论知识得以应用，聪慧的天资得以发挥。因而，这种既有趣味性又具有挑战的习作常常让学生们废寝忘食，全心投入，好似那饥饿的雏鹰拼命地追逐猎食，企盼羽翼早日长成，能在建筑设计领域展翅高翔，一显身手。

建筑是造型的艺术，它的布局、对称、均衡和色彩等都体现了艺术的美感，由各种建筑构配件组合成的建筑才是一个完整的整体。用音乐家的感受来作比喻，那建筑就是凝固的音乐；用诗人的感悟来打比方，那建筑就是凝固的诗词。钢琴家贝多芬在创作《英雄交响曲》时，曾受到巴黎圣母院雄伟建筑的澎湃气势所启示，德国诗人歌德说他在罗马大教堂前广场的廊柱内散步，深切地感受到音乐的旋律。

陈植从小酷爱音乐，在清华学校时就是学校乐队的积极分子，在美国结识了之后与之相伴一生的夫人董鹭汀，由此对音乐更加钟情。他利用课余时间,师从费城科迪斯音乐学院著名男中音歌唱家霍·康奈尔教授,学习了4年声乐,专业水平大有提高。宾大成立合唱团后,他积极报名参加,经选拔后被录取,荣幸地成为合唱团里唯一的东方学生。1927年合唱团和费城女声合唱团约150人参加了华·丹穆拉旭的职业告别演出,他与美国人同台演出贝多芬第九交响曲《欢乐颂》四重唱,成为中国人在海外以男中音演唱这首歌的第一人。合唱团在各地巡回演出,还在白宫受到当时美国总统柯立芝接见,当时陈植作为成员之一也在其中。

音乐上的进修使得陈植在建筑艺术上的造诣不断提高,逐渐领悟到建筑好似历史长河中荡漾的曼妙旋律,向世人传递着

陈植获柯浦纪念设计一等奖的报导(1926)

美的讯息。

　　1926年陈植经过宾大扎实的建筑专业课程训练,以及在音乐和绘画艺术上的修养,在参加美国"柯浦纪念设计竞赛"中开始显露出他建筑设计的才华。这是一个市政厅的改建项目,要求在原建筑西北侧,离开原建筑数英尺,设计一个新的立面,成为城市道路转角处主立面。陈植在桌前凝视着设计竞赛的要求和规划的文本,一面沉思构想未来的设计蓝图,一面右手不断地轻轻地敲打着桌子,随着敲桌发出的声音,他感受到了美妙的旋律,脑海中浮现出市政厅新立面的朦胧身影,其萌发的创作灵感来自于内在的艺术修养和对设计对象的深刻理解。设计的构思亦愈来愈成熟,如画家作画一般在作图板上行云流水,一气呵成,最终呈现出一幅非凡的作品。他以高大的拱券门和两侧西式立柱,中间的多级台阶和居中的讲台,组成市政厅的崭新立面,形成城市道路转角空间一个瞩目的视点。渲染图将市政厅立面表现出富丽堂皇、气派非凡的效果。评委们认真仔细地审阅参赛的设计作品,陈植的作品顿时吸引了评委的注目,经过讨论后决定中国学生陈植为"柯浦纪念设计竞赛"一等奖。1926年9月27日《费城时报》特此作了新闻报道,陈植那英俊的照片首次刊登在美国的报纸上。

　　1927年陈植从宾大建筑系毕业,获得学士学位,随后留校转入研究生院继续深造。他的挚友梁思成也完成了学业,毕业后选择到哈佛大学研究生院攻读东方艺术博士学位,林徽因毕业后获美术学士学位,选择到耶鲁大学戏剧学院学习舞台美术设计,就此陈植结束了与两位好友在宾大相处的日子,各自奔赴前程。

　　陈植攻读研究生的导师是毕克莱,他反对模仿、勇于创新的精神受到导师的赞许,1928年2月顺利获得硕士学位。同年夏天,他去了纽约的伊莱·康事务所参加建筑设计实习两年。在此期间，美国建筑师同行们的许多实践经验让刚刚走出象牙塔的陈植获益匪浅，他获得了许多书本上所难以获得的宝贵知识，为日后的职业道路积累了宝贵的经验。

东大建筑系教授

20世纪20年代是中国近代城市的大发展时期,各地急需大批建设人才,仅靠一些归国的留学生建筑师不能满足市场的需要。1923年留日归来的柳士英首创苏州工业专科学校建筑科,1927年迁入南京国立中央大学建筑系,由留日的刘敦桢,留美的黄家骅、卢树森、刘福泰等执教。东北大学成立于1923年,1928年张学良将军接任校长,批准创办建筑系,原来物色梁思成、陈植在宾大的学长杨廷宝当系主任,而他已进入天津基泰建筑公司工作,无法赴任。于是杨廷宝便向校方推荐了宾大的同学梁思成,当时东北大学工学院院长高惜冰①就是梁思成在清华学校高几届的同学,他非常赞同梁思成当建筑系主任。于是直接与梁思成父亲取得联系,在梁启超的动员下梁思成从欧洲考察建筑回国后,到东北大学任教,由此开创了中国近代第二个建筑系。

高惜冰告诉梁思成"建筑系已招收了一班学生,但一个专业教师都没有,也不知道开些什么课,一切都等你来进行"。林徽因

---

① 高惜冰(1893~1984):名介清,字惜冰。清光绪十九年生于岫岩县牧牛乡。民国九年(1920年),毕业于清华大学。民国十五年(1926年),被东北大学聘为教授。翌年,任东北大学工学院院长。主张"国家开放,必先树植人才"。

1931年东北大学建筑系师生合影，右三陈植，右二梁思成，左二童寯，左三陈植夫人董鹭汀

与梁思成同回国后，林徽因先去了福州老家看望母亲，想到梁思成一人先往东北大学办系，没有帮手，便急速告别母亲，即赴东北，助丈夫一臂之力，就这样紧锣密鼓地筹备起了建筑系。

在东北大学建筑系的第一学期，只有梁思成和林徽因两名教师，他们承担了所有的专业课程，由于宾大的科班出身，基本照搬了那里的教学模式和教材。梁思成讲授《西方建筑史》《中国建筑史》，林徽因担任建筑设计、美学、雕塑史和专业英语课。繁重的教学任务和系内各样勤杂事务使他俩忙得不可开交，而此时已怀有身孕的林徽因，既要当教师又要操持家务。

此时的梁思成急需有人帮他渡过难关，除了林徽因外，他想到了知交陈植。1929年，在大洋彼岸的陈植接到了梁思成的邀请，重情重义的他放弃了中国留学生归国途中考察欧洲建筑的惯例，来到东北沈阳与梁思成会面。后来，童寯[①]、蔡方萌[②]都陆续赶来，

[①] 童寯（1900~1983）：满族，字伯潜。建筑学家，建筑教育家。
[②] 蔡方萌（1901~1963）：江西南昌人。土木建筑结构学家。1920年考入清华学堂，1928年获得麻省理工学院土木工程硕士学位。

增强了建筑系的师资力量。第二学期开始，陈植教授建筑设计课，童寯、蔡方萌亦一一走上讲台。系里开设宫室史、美术史、水彩画、炭画等课程，培养学生艺术修养；图式几何、图案、营造则例、透视学、建筑工程理论、建筑工程设计等建筑专业课程为学生打下扎实的专业基础。

东大建筑系的这段时间是其最兴旺时期，梁思成的女儿梁再冰在《我的妈妈林徽因》一文中提到，"陈植、童寯和蔡方萌伯伯后来都到东北大学建筑系任教，他们都是爹爹和妈妈在宾大的老同学。陈植伯伯还是爹爹在清华学堂的同学。在这些伯伯中，我最熟悉的也是陈植伯伯。"每到周末，这些老同学们都会到梁思成和林徽因的家里吃茶、聊天，其乐融融。

在这批归国留学生激情燃烧的岁月里，东北大学建筑系走出了许多优秀的设计师。东大建筑系共招了三届学生，第一届有刘致平、郭毓麟等10人；第二届有刘鸿典、梁思敏等9人；第三届有唐璞、张镈、林宣等14人。当年东大建筑系学生张镈[①]曾回忆说："因为建筑设计课占学时较多，经常日夜赶图，给技术课留下的自修复习时间少，以能及格升班为目标，从一开始就有重艺术、轻技术的倾向"，"老师们十分重视学院派的'五柱式'模数制，要求能识、能画，能背诵如流，能按模数默画。"他对陈植的印象尤深，"陈师改图快，效果好，心领神会"。

---

① 张镈（1911~1999年）：山东无棣人，建筑学家，一级工程师，北京市建筑设计院总建筑师。

梁陈童蔡事务所

宾大归来的生力军使得东大建筑系如虎添翼,为了进一步加强建筑教育和建筑实践的联系,梁思成、陈植、童寯和蔡方萌合作成立"梁陈童蔡事务所",林徽因没有挂名,但凡事都以古建筑专家身份参与,沈阳郊区的"萧何园"就是她与梁思成合作的设计作品。

营造事务所的四人个个是精兵。其中,梁思成 1927 年获得建筑学硕士,1928 年去哈佛大学攻读博士,曾荣获宾夕法尼亚大学建筑设计金质奖章、南北美洲市政建筑设计联合展览会特别奖,还被聘任费城市政设计技术委员。陈植 1926 年在宾大参加"柯浦纪念设计竞赛",荣获一等奖。童寯 1928 年冬,以三年修满六年的全部学分,提前毕业获得建筑学硕士,在 1927 年命题罗丹博物馆的全美大学生建筑设计竞赛中获得二等奖,1928 年又参加命题为新教堂的由全美近 50 所大学建筑学学生参加的设计方案竞赛,荣获一等奖。蔡方萌 1929 年获美国麻省理工学院土木工程硕士学位。

良好的海外教育背景与扎实的专业功底让这些青年建筑师各个出手不凡。他们承接的第一个建筑设计项目是吉林省立大学校舍总体规划和 3 层教学大楼，楼虽不高，却气派非凡。是根据中国传统的中轴对称理念，在中轴线设主楼，东西两侧对称设副楼，主楼建筑面积 3383 平方米，东西副楼建筑面积各为 3018 平方米。建筑外立面采用大块花岗石砌筑，显得厚重古朴，也许是受到欧洲古典主义建筑的影响，在当时国内却是绝无仅有、打破常规的大胆设计。楼顶和女儿墙加装石砌斗栱花纹，门柱上部按中国传统建筑风格安置不雕螭吻，在窗间墙做中国传统木结构八角形处理，是一座中西合璧、宏伟又别致的经典建筑。这座建筑已被收录进《中国现代美术全集》、《中国建筑史图说》等权威著作中，1999 年被列为吉林省重点文物保护单位，现为东北电力学院校舍一部分，受到良好地保护。

另一个设计作品是东北交通大学，当时称民国北京政府交通部唐山大学锦县分校，1928 年建成新校舍，1930 年由张学良兼任该校校长。事隔一年后，震惊中外"九一八"事变爆发，这里曾作为辽宁省政府行署临时办公地，日军两次派飞机狂轰滥炸，使得校舍严重受损。现在老校舍已消失，原址上建造了一座原东北交通大学遗址纪念馆以传承这段难忘的历史记忆。

由于时局的恶化，林徽因又因结核病复发，到北京香山养病，于是，梁思成无心再在东北大学主持建筑系工作，1931 年 6 月到北京安家。建筑系则由童寯接任系主任，陈植受赵深邀请南下上海筹备赵深陈植建筑师事务所。"梁陈童蔡事务所"就此无奈解散，从成立到结束只有短短几年时间，但是它是陈植这一代中国建筑界前辈将建筑学课堂教育与建筑设计和施工实践相结合的重要实践活动，是不可遗忘的一段珍贵历史。

虽是各奔西东，四位建筑师日后都成了大师级人物。梁思成 1947 年作为中国代表担任联合国大厦设计委员会顾问，是中国建筑研究和教育的鼻祖。陈植 1933 年起成为我国著名的华盖建筑师事务所合伙人和主要建筑师，1949年担任之江大学建筑系主任，是中国建筑设计和建筑教育的开拓者之一。童寯回国后长期从事建筑设计和研究，是中国建筑理论和园林理论开拓者之一。蔡方萌1949年后任建工部建筑科学研究院总工程师，1955年当选为中国科学院学部委员，成为著名的中国建筑结构专家。

华盖"三杰"聚一堂

华盖三杰之一的赵深亦曾就读于美国宾夕法尼亚大学建筑系,他比陈植高三届,过去并不相识。1925年,赵深在宾大读硕士时,曾参加国内举办的《孙中山陵墓图案竞赛》,初生牛犊不怕虎的他还在竞赛中获得了名誉奖。1927年回国后,在八仙桥青年会筹备处和范文照建筑师事务所工作,在此期间参加上海市政府新厦设计图样应征,经评审后赵深和夫人、孙熙明合作的设计方案获得第一名;在南京大戏院(今上海音乐厅)设计中,他又担当主角,完成了一项建筑全过程设计。

赵深是个才华非凡、敢闯敢为的青年建筑师。1930年赵深离开了范文照的事务所独自创业。当时上海滩的建筑设计市场基本被外国建筑师垄断,中国建筑师虽有一腔创业热情,也大都只能在国外的事务所里谋得一席职务。赵深创办事务所后,几乎是在夹缝中求生存,承揽设计业务异常艰难,势单力薄的他初尝了创业的艰难。

正在一筹莫展之时,陈植来到上海,赵深闻讯欣喜万分。虽说不曾相识,但都在宾大深造过,怎么说也有一些渊源,顾不得别的,便着急打听陈植的住所,准备登门拜访。兴许是二人本就有缘，赵深很快找到了陈植住的地方，经打听后知道住在中山公园附近里弄内。正欲创事业的陈植遇到了为事务所发展而百感交集的赵深，两人一见如故。当赵深表明来意，陈植欣然允诺，愿与之一同奋斗，希望中国自己的建筑师能在这外强当道的上海滩争得一席之地。

赵深、陈植皆是才华横溢的设计俊才，赵深做方案能力强，想象丰富且能揣测业主所思所想；陈植设计风格明快简约，常能穿梭于古典式、现代式之间，作品给人以实用、时尚之感。二人合作的事务所，其设计实力绝不比洋人差，加之陈植出身名门，祖父、父亲都是有名的书画家，祖上办过学，当过官，叔父陈敬第（即陈叔通）在浙江兴业银行、商务印书馆担任重要职务，有着广泛的人脉关系，因此为事务所打开业务提供了宝贵的机遇和机会。赵深与陈植联合后，事务所的局面果然有了很大改观。陈植回忆说："1931年我揽得十层楼的浙江兴业银行（造价100万），后因"九·一八"，改为五层楼，十层部分已收费三万元，赵揽得南京外交部，乃成立赵深、陈植事务所，1931年上述两项工程已在设计"。

上海因为有外国租界的原因，设计业务受到战局影响不大，赵陈事务所的业务逐日蓬勃起来，此时发展正需人才。陈植想到了宾大的同学童寯，他比陈植晚入学，聪明刻苦的他仅用了3年时间就修满了6年全部学分，1928年冬获得硕士学位，毕业后又是陈植向他推荐去纽约伊莱康事务所学习。陈植对这段经历有过一段回忆："伯潜（童寯，字伯潜）于1928年冬得建筑硕士后即至费城某建筑师处工作，时我在纽约路易斯·康（伊莱康）建筑事务所工作，发现康通古识今，有高度艺术修养，擅德、法文，是赖德（即赖特——编辑注）的崇拜者。次年，我返国前向伯潜建议他去康的事务所。一年之中，他与康的关系非常和谐。""伯潜游欧返国后,与我一度在东北大学建筑系与思成共事,思成为系主任。"因此,无论是人品还是才干,陈植深知童寯是个不可多得的人才。于是与赵深商量后,向童寯发出邀请。

童寯的到来,使得事务所如虎添翼。三人的联手一方面因为他们都曾是清华学子、宾大留学生,相同的教育背景、共同的志向让他们惺惺相惜;一方面也因陈植的承上启下,先与赵深合作,再邀请童寯加入,才促成了宾大三杰汇合的局面。1933年1月1日刊报公告华盖建筑事务所正式成立。华盖两字由知名社会人士叶恭绰[①]择定,他对三位青年建筑师寄予厚望,择"华盖"两字意寓他们为中华盖楼。华盖建筑事务所地址仍在赵深、陈植建筑事务所原址——宁波路40号上海银行大楼内。

1935年2月27日,三人对事务所的事务共同盟约立契:"赵陈童三方均愿合伙设计建筑事务所定名华盖建筑事务所","合伙一切开支应由赵方担任百分之四十四;陈方百分之三十一;童方百分之二十五,损益分配亦以上开比例为准","合伙期间内赵方得月支薪金伍佰元,陈方四百元,童方三百五十元","合伙期间暂定为两年,自民国二十三年一月一日起至二十五年十二月三十一日止","如欲继续应另订合同,其条件亦应于该期满前六个月之期间内议定之"。契约中可见在事务所的得益分配中陈植居中,从事务所的发展来看他亦居中,他的到来是事务所的转折点,童寯的加盟亦是陈植穿针引线的结果。

陈植与赵深、童寯在华盖建筑事务所风雨同舟的21年里,亲如兄弟,互敬互爱,相处融洽,从未发生过摩擦。陈植敬重赵深,他说华盖的发展"因赵老1927~1931年之间所负的声誉而奠定了

---

① 叶恭绰,是知名书画家、社会活动家,曾任北洋政府交通总长,孙中山广州国民政府财政部长、南京国民政府铁道部长、北京大学国学馆长和1929年上海市中心区域建设委员会组织市政府新厦设计三位专家评委之一。

基础，赢得了信任。没有赵老，华盖的起步是困难的。"[1]陈植对童寯亦十分敬佩，他说童寯"才华卓越，埋头苦干，锲而不舍"，是华盖的主将。[2]待人谦恭的陈植，在利益分配中亦从不斤斤计较。1937年3月3日在续签协议时，三人月薪均为400元，赵深再加100元应酬费。此协议与1935年2月7日第一次协议相比，实际童寯增加了月薪，陈植维持原样。抗战时期，经济萧条，设计业务清淡，直至抗战胜利后仍未恢复，陈植主动提出，他的薪水与童寯一样，这时候三人薪水的比例是4:3:3。[3]21年来他们从未翻脸争吵过，如此团结一致，在中国建筑史上是绝无仅有的。

在华盖建筑事务所，三个合伙人各有分工，配合默契，赵深

陈植与童寯合影

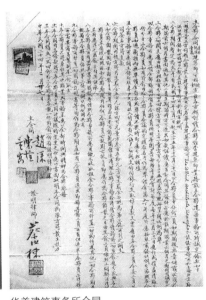

华盖建筑事务所合同

---

① 蒋春倩.华盖建筑事务所研究（1931~1952）.硕士论文第37页，2008年
② 童寯文集第4卷.第506页，中国建筑工业出版社，2006年
③ 朱振通.童寯建筑实践历程探究（1931~1949）.硕士论文第16页，2006年

负责对外承接设计业务和财务，陈植负责内务，童寯负责图房。内务实际上是行政人员和业务上管理；图房是沿用宾夕法尼亚大学建筑系的概念，主要是设计与绘图。工作之余，三人常对雇员进行培训，由童寯亲自上课，陈植组织雇员观摩。[①]从中可见陈植是行政负责人角色，童寯则是技术负责人角色。

事务所承接大大小小的工程项目达200多项，堪称近代中国历史上最有影响的建筑事务所之一。三人分工不分家，内部管理各司其职，外部承揽业务一律以"华盖"名义，保持华盖的整体声誉。在华盖的合伙人协议上也规定"各合伙成员不得兼任其他职业或事务并应以全部时间与精神为合伙服务"，三人都很自律，所有业务对外均不以个人名义，不接受承包商的任何酬谢和红包。三人也从不摆老板的架子，和员工打成一片。员工们都称呼他们为"先生"，曾经在事务所工作过的老人回忆说"童、陈二位对下属不是师生胜于师生"。由三个合伙人带领的团队团结奋斗，设计业务迅速发展，1935年华盖建筑事务所总所设在北京路浙江兴业银行四楼四零八室，分所设在南京、杭州。后来设计工程遍及南京、无锡、上海、重庆、昆明、贵阳和杭州等地，员工最多时达30多人，作为专做建筑工种设计的事务所，在当时也算是较大的规模。

陈植在华盖建筑事务所的21年中，从初出茅庐的青涩建筑师到驰骋上海滩的著名设计师，羽翼丰满，经验丰富，他在华盖建筑事务所的经历，奠定了他在中国建筑设计界的重要地位。

[①] 朱振通.童寯建筑实践历程探究（1931~1949）.硕士论文第17页，2006年

辉煌业绩树旗帜

陈植与赵深建筑事务所在华盖建筑事务所成立前已承接的工程项目有 16 项：上海恒利银行、大上海大戏院、浙江兴业银行、上海火车站修复、南京国民政府外交部大楼、南京首都饭店、孙科住宅等，这些项目都延续到华盖成立以后，所以大多数仍以华盖名义对外。

1933 年至 1937 年上海成为孤岛前，华盖主要承接上海和南京两地的工程，计有 92 项之多，但是大多数是私人住宅。1938 年至 1945 年上海沦陷，经济萧条，华盖业务大幅削减。于是三人商议如何克服经济萧条困难拓展业务，赵深选择赴昆明开拓市场，童寯选择在贵阳、重庆打开局面，陈植则选择留守上海。当时主要考虑到晚年寓居上海养老的父母，随二老相濡以沫，专心书画，日子亦平静安详。但以孝为先的陈植认为父亲年迈，不放心二老，故不愿远离。

陈植留守上海的日子里，民建工程日渐稀少，但他坚决不接敌伪工程，日久经济越发紧迫起来，唯有靠着在之江大学做兼职教授的有限薪俸养家度日。后来陈植在租界内陆续承接了上海合众图书馆、兆丰别墅、金叔花园别墅等设计项目，这才缓解了许多。

上海合众图书馆采用三合院的平面布局，既有利于图书馆采光和通风又适应转角地形，转角处大门内设半个正八角形内厅，左边进楼梯厅，右边进底层图书馆各室。由于在日军占领上海时期，为了保护珍贵图书，设计注重于功能，立面十分简洁，仅在坡屋面檐口挑出，虽然是现代建筑与周围花园洋房相协调，但审视整个建筑立面又神似大屋顶中国传统建筑，手法更显高超与成熟。

抗战胜利后，华盖在南京设立分所，然业务量仍不饱满，事务所运作艰难，好在1947年陈植揽到了上海浙江第一商业银行大项目，后为了扩大业务，1948年他还去台北设立分所，承接糖业公司大楼项目，事务所总算支撑下来。

在华盖初创阶段，陈植、赵深和童寯不分你我，为了找米下锅，大家全力以赴，为事务所的生存及日后发展打下扎实的基础。陈植回忆说："外交部——大上海——浙江兴业为三人合作的仅有项目。"

浙江第一商业银行

南京民国政府外交部大楼最初由基泰工程司设计，设计方案采用中国传统大屋顶，而华盖的设计方案摈弃了"大屋顶"，采用西方古典主义手法，里面三段拱式构图由基座、墙身和檐部组成，屋顶采用西式平顶，檐部用褐色玻璃砖简化斗栱做装饰。时任外交部次长的刘荣杰是陈植叔父陈敬第的邻居和好友，他认为华盖的设计方案优于基泰方案，宫殿式建筑造价太高，华盖不照搬中国宫殿式建筑做法，不抄袭西方建筑样式，而独创新民族形式，简洁实用又有中国建筑固有风格。最终外交部青睐华盖方案，1932年9月21日起与华盖多次接触后，华盖的理念说服了外交部，终于将该项设计任务争取到手。其中，陈植主要负责室内设计，将中国传统建筑室内装饰，如梁枋、天花及藻井上施彩绘油漆，与现代地面装饰水刷石、室内走廊装饰马赛克相融在一起。外交部大楼建成后，1935年8月《中国建筑》第三卷第三期刊登，业内人士好评："该大楼为首都之最合现代化建筑物之一；将吾国固

南京国民政府外交部大楼

有之建筑美术发挥无遗,且能使其切于实际,而于时代性所需各点无不处处具备,毫无各种不必要之纹饰等,致使该大楼特具之简洁庄严。"

当然,对于当时流行的中国传统"大屋顶"风格,华盖虽不是一概排斥,但也是在不得已情况下才采用。陈植回忆说:"由于要与原建筑群不协调,不得不沿用古典形式",南京民国政府铁道部购料委员会大楼因原铁道部大楼为中国古典式,为了建筑风格协调,亦采用"大屋顶"形式。南京金城银行别墅,根据周围环境需要,选择仿中国古典园林建筑风格。

对于华盖的设计作品,陈植在1994年对方拥同学说:"华盖作品评价要别人来作,不能由我们独评。可以说华盖创作突破了中国古典形式(例如外交部、中山文化教育馆),一般比较简洁、朴实、格调严谨、比例壮健、线条挺拔、笔法简洁、色彩清淡、不务华丽、不尚修饰、强调功能,结合环境,力求具有民族风貌与特征,避免搬弄古典形式。"

浙江兴业银行是陈植与赵深合作成立赵陈事务所时自带的项目,兴业银行董事长叶景葵曾邀请陈植叔父陈敬第担任兴业银行董事,正因为这层密切关系,陈植揽得了这个大项目。当时上海滩10层以上高楼大厦的设计都被外国人包揽,而这个项目原计划建11层,造价预算高达200万,设计权被咱中国人拿下,陈植尤为高兴,亦正待大显一番身手。但"九·一八"后银行业务遭受重创,不得不修改计划,将11层削减为5层,陈植闻讯后即写信给兴业银行"昨日闻贵行建筑变更计划颇为扫兴……植等建议毫无私心之处纯为贵行永久之际而设想。"[①]事后陈植回忆说,"十层部分已收费三万元",欣慰11层设计方案没有白做。项目开始后,

---

① 蒋春倩.华盖建筑事务所研究(1931~1952)硕士论文,第58页,2008年

童寯已来到事务所，故而也参加了设计。

兴业银行的立面底部在柱与柱之间突破了过去银行设小窗的陈规，在上海银行建筑中第一次开设大玻璃窗。上部立面采用装饰主义艺术风格，竖向垂直线条，在窗肚墙上做水泥装饰块。这种建筑表现手法在建筑效果图上显示简洁又挺拔。为进一步压缩工程造价，立面设计竭尽朴实无华，仅在屋顶做45°挑出檐口，檐口下装饰方状块。兴业银行大楼比南京外交部大楼在屋檐部分处理得更简洁、抽象，达到了近看不似、远看像似，犹如中国画中"似又不似"的手法和意境。

上海恒利银行与上海兴业银行是同一时期的项目，恒利与兴业的11层方案构思大同小异，追求现代新建筑思潮。大楼建成后，《中国建筑》创刊号上有文章称恒利银行"信见德荷两国最近之作风"，《中国建筑》卷五期上还有文章介绍恒利银行"新厦优越之点，在十足显露德荷两国最近建筑之作风，而屋内外装修，采用天然大理石及古色铜料构成，美丽新颖，殆无伦比，而外部彩色之配合，尤感调和适度，悦目赏心……尤有进者，建筑设计之巧，在立面能表现平面之用途，此则建筑师视为难题而在该行设计上独能解决者也……"亨利银行虽然处在转角地形上，一般追求西方新建筑的项目将转角作为建筑主轴线，建筑高度由主轴线向两边逐减。恒利银行项目不一味模仿，而从平面功能出发，因电梯布置在河南路沿街面中央，所以将电梯机房作为大楼高耸部分，成为立面的主轴线。转角处大门并非因不是立面主轴线而被忽视，相反仍动了一番脑筋，设计凹进门框，跨几个踏步后进入门厅，然后偏45°处设五级台阶进入银行大堂。这样的设计不仅从功能上满足了作为银行建筑的安全和私密要求，且从人的视觉上通过小空间过渡到大空间，使人豁然开朗。恒利银行无论是大处还是小处的设计，皆是独具匠心。

上海浙江第一商业银行项目,陈植曾回忆:"我于1947~1950年专负责浙江第一商业银行,全部图纸即由我负责",此项目原先由美国建筑师汤普森设计,基础已打桩,受结构的限制已无很大的建筑创作空间。接下项目后,陈植灵活地将平面划为两大空间,底层和二层为银行大空间,沿汉口路一侧为小空间,在此布置门厅、楼梯间和电梯间。银行客户由江西中路主入口大门进大堂,银行职员及上层办公部分员工全部由汉口路进出,避免银行客户与办公楼员工的人流交错。银行大楼立面基座贴石面砖,上层贴褐色面砖并作横线条处理,在汉口路入口作竖线条处理,这种线条处理手法使建筑独具现代感。

忆往昔,陈植自豪地说:"像华盖直接与外国建筑师斗争的事务所恐是独一无二"。浙江兴业银行原与英商通和洋行签了设计协议,浙江第一商业银行原请美国建筑师汤普森设计,而业主最终不惜损失取消协议选择华盖,这是华盖在与外国建筑师的抗争中获胜的铮铮实例。华盖杰出的表现,在外国势力强大的上海滩设计行当中树立的良好声誉,打造了一块为国人所骄傲的中华设计品牌。

大上海大戏院是电影公司老板何挺然在上海南京大戏院后的又一个项目,何挺然对赵深在南京大戏院项目中显示出的才能赏识有加,借此赵深顺利地接到了大上海大戏院的设计项目,陈植、童寯共同参与

大上海大戏院

上海浙江兴业银行

了这个项目的设计。该项目设计时面临着早半年竣工的大光明大戏院，建成的大光明开张后好评如潮，其他的戏院仿若都暗淡了许多。欲建的大上海大戏院距离大光明仅 600 米，如何才能不被大光明的光芒遮住，如何能脱颖而出，这给陈植等建筑师很大压力。由于基地面积较小不可能像大光明那样自由展开现代式平面，只能设计进门厅后即在两侧布置观众厅入口，楼座由跑马廊楼梯连通，平面布置十分紧凑。但设计师们在建筑立面和室内装饰上作了大胆探索，主立面以竖线条玻璃空心灯柱装饰，观众厅墙角均采用圆角，与室内曲线灯带相呼应。大上海大戏院建成后，《中国建筑》1934 年 3 月号上编者说："大上海大戏院的外表，可说是一座匠心独运的结晶品。《大上海》几个霓虹管标识，远远的招来了许多主顾，是值得提要的。正门上部几排玻璃管活跃的闪烁着，提起了消沉的心灵，唤起了颓唐的民众。下部用黑色大理石，和白光反射着，尤唯醒目绝伦也。"陈植在事隔数十年后，回忆起大上海大戏院仍是很满意地说："如大上海大戏院里面有八根空心玻璃柱子，内装霓虹灯管，从南京路北望是一大片灯光，效果特好"。熠熠生辉的大上海大戏

合众图书馆

院,其设计从实际出发并成为成功探索新建筑风格的典范,为中国建筑史又增添了一抹亮色。

  由陈植与赵深、童寯三个志同道合的青年建筑师创办的华盖建筑事务所在1952年宣告解散,其业务并入由赵深、陈植等人发起的联合顾问建筑师工程师事务所。21年来华盖冲出外国建筑师一统天下的局面,在战乱动荡的年代,不断地拼搏、奋斗、创新,在中华大地上树立起耀眼的华盖旗帜,这种自强不息的精神鼓舞和激励着一代又一代青年建筑师奋勇向前。

创办之江大学建筑系

陈植与教育素有渊源，他的父亲陈汉第曾经是浙江求是书院创办人之一，他回国后的事业亦是从教书育人开始——东北大学建筑系执教。1931年"九一八"事变后东北大学建筑系被迫停课，原想在北平避乱，但是日寇对华北已是虎视眈眈，北平也不太平，接替梁思成任系主任的童寯只好向在上海赵深、陈植建筑师事务所的陈植求援。陈植立刻向大夏大学磋商，将东北大学三、四年级学生安排在上海大夏大学借读。华盖三人一面忙于事务所的生计，一面给同学们义务补课，历时二年，使两届同学最终完成全部课程，获得了东北大学毕业证书。其中的刘致平、郭毓麟还被安排在建筑事务所实习。

1937年八·一三淞沪战役爆发，坐落在美丽的钱塘江畔的之江大学被迫内迁，因上海租界相对稳定，其后在原土木工程系基础上成立的建筑系则迁往上海，师资准备从建筑事务所中物色。当时华盖事务所大部分业务亦迁往内地，陈植为照顾年老的父亲留在上海。之江大学校长李培恩与陈植家族素有交往，闻讯后特邀请陈植到之江执教。

但是因华盖建筑事务所还有设计业务要收尾，陈植只能担任

之江大学毕业照（右二：陈植）

兼职教授。他与建筑系主任（原土木工程系主任）廖慰慈一起制定办学计划、购买书籍及有关教学设备，教室设在南京路慈淑大楼里。经过一番紧锣密鼓的准备后，1938年秋季第一学期开学了，第一批学生招收了19人，课程一年级与土木系基本相同，还安排一些建筑专业课。因师资紧缺，陈植虽是兼职教授，一人却承担了铅笔画、建筑图案、房屋设计课等多门课程。第二年陈植还请来了宾大校友，在上海沪江大学建筑系当系主任的王华彬[①]给同学们上木炭画课。

王华彬1932年回国后在董大酉[②]建筑师事务所工作，配合董大酉设计上海江湾大上海都市规划中的体育场、博物馆、图书馆等大型建筑，1932年经陈植、童寯介绍加入中国建筑师学会。

---

① 王华彬（1907~1998）：高级工程师。福建福州人。1927年毕业于清华大学建筑系。1931毕业于美国宾夕法尼亚大学建筑学院，获建筑硕士学位。回国后，任沪江大学、之江大学教授。

② 董大酉（1899~1973）：浙江杭州人。民国十一年（1922年）毕业于清华大学，即去美国留学。先后毕业于明尼苏达大学和哥伦比亚大学研究院。

1934年学会指派陈植负责与沪江大学商学院合办一所建筑系夜校，目的是从各建筑事务所练习生中招收学员，学制两年，传授建筑专业知识，能够通过工务局技副考试。陈植与王华彬、黄家骅[①]、哈雄文[②]一起商量制订教学计划。最初由黄家骅担任系主任，1937年后由王华彬担任系主任。

陈植将王华彬请到之江大学建筑系后，毕业于密歇根大学、获得麻省理工学院建筑硕士的罗邦杰，毕业于伊利诺伊大学、获康奈尔大学土木工程硕士的陈裕华，毕业于华盛顿大学、获得纽约大学土木工程硕士的陈端炳，毕业于哥伦比亚大学、曾任沪江大学商学院建筑系主任的伍子昂等教授陆续加入了之江大学建筑系，毕业于法国国立巴黎美术专门学校、曾任中央大学绘图系主任、著名画家颜文梁，毕业于比利时皇家美术学院的著名画家张充仁也来教授美术课。自此大大地增强了之江大学建筑系的师资力量。

之江大学建筑系短短几年，以其雄厚的师资和正规的教学模式，吸引了越来越多有志建筑事业的青年人报考，至1941年秋季学生人数已达72人。同年冬季，太平洋战争爆发，日军进入上海租界，建筑系正常教育无法维持。学校决定内迁，可内地又缺乏师资，考虑到建筑系学生也不算多，王华彬、陈植等教授经校方同意带领学生继续留在上海流亡办学。当时的上海正处在日军横行的白色恐怖之中，常有敌军飞机狂轰滥炸，已无安宁之处。学生们只好东躲西藏，上课没有固定地方，有时在慈淑大楼，有时就在陈植家里。陈植等皆是一片丹心，只为将

[①] 黄家骅（1901~1988）：生于上海南翔镇，1916年考入清华学校，是我国建筑界杰出的建筑师和教育家，同济大学建筑城规学院教授、九三学社成员。

[②] 哈雄文（1907~1981）：湖北武汉人，回族。1927年毕业于清华大学。1928~1932年在宾夕法尼亚大学建筑系读书。曾任沪江大学教授、建筑科主任，建国后，历任复旦大学、交通大学、同济大学、哈尔滨工业大学教授，哈尔滨建筑工程学院教授。

学生们培养成才，终于熬至1945年8月日军战败宣布投降，学生们也终于完成了学业。

1949年5月，上海和杭州相继解放，之江大学要继续办下去，校方又请原建筑系创办人陈植重返学校，请这位长期为建筑系默默无闻、无私奉献的开业建筑师走上讲台，并正式出任建筑系主任。陈植还聘请了美国伊利诺伊大学建筑系硕士毕业的汪定曾①、法国巴黎建筑专门学院毕业的吴景祥②和黄家骅、英国曼彻斯特大学毕业的张有龄③、法国巴黎艺术院研究院雷圭元④、美国宾夕法尼亚大学毕业的谭垣⑤、比利时皇家美术学院毕业的张充仁⑥和美国麻省理工学院的罗邦杰⑦等担任各专业课教授，师资雄厚不减当年。建筑史课程原来都是教欧美建筑史，1951年陈植聘请对中国文学

---

① 汪定曾（1913~至今）：教授级高级建筑师。湖南长沙人。1935年毕业于交通大学土木工程系。1938年获美国伊利诺伊大学建筑硕士学位。1939年回国。

② 吴景祥：广东香山（今中山）人。1929年毕业于清华大学土木系。1933年获法国巴黎建筑专门学院建筑师文凭。回国后，曾任中国海关总署建筑师。建国后，历任之江大学教授，同济大学教授、建筑系主任。

③ 张有龄：高级工程师。浙江吴兴（今湖州）人。1932年毕业于清华大学土木水利系。1937年获英国曼彻斯特大学理学硕士、哲学博士学位。对振动技术理论有较深研究，为解决我国工程建设中的振动问题作出贡献。

④ 雷圭元（1908~1989）：中国现代工艺美术家。字悦轩，生于江苏省松江县，1929年赴法国自费留学，研究染织美术和漆画工艺。著有《图案基础》、《工艺美术理论初探》、《中外图案装饰风格》等。

⑤ 谭垣（1903~1996）：生于广东省中山县，早年在美国宾夕法尼亚大学建筑系读书，1929年获学士学位。回国后参加上海范文照建筑师事务所，从1952年起任上海同济大学建筑系教授，晚年致力于研究纪念性建筑。

⑥ 张充仁（1917~至今）：别名张朔，四川阆中人，毕业于四川艺专后就读于国立剧专，日后从事音乐、戏剧、美术教育工作。

⑦ 罗邦杰（1892~1980）：广东大埔人。1911年毕业于清华学校，1917年在米西干矿冶学院和麻省理工大学获两个矿冶工程硕士学位，1928年在明尼苏达大学获建筑工程学士学位。1930年任大陆银行建筑师。1935年创办罗邦杰建筑师事务所。抗战胜利后，曾任之江大学教授。

和历史颇有学问的陈从周①教中国建筑史课程。陈从周毕业于之江大学文学系,文史知识渊博,1950年开始讲授中国建筑史,同年秋季在圣约翰大学建筑系执教。之江大学出于对学生接受知识全面性的考虑聘请陈从周兼课讲中国建筑史,但是原教学计划只有黄家骅讲外国建筑史,并未专设此课程,因此属于计划外,也就没列入预算经费。陈从周是陈植请来的,面对此尴尬,陈植毫不犹豫地从自己的薪水中划出兼课教师薪酬,一心只为学生能学到更多更全面的知识。

1952年全国高校院系大调整,之江大学建筑系、圣约翰大学建筑系、浙江美术学院建筑专业并入同济大学建筑系。因此之江大学建筑系结束后,陈植仍到同济大学去兼课,还曾主持毕业生论文答辩会。

同济大学城市规划专业第一次毕业设计答辩现场,陈植主持答辩会议(当时对毕业设计答辩十分重视,会场布置要摆放鲜花,铺上桌布,宣布答辩结果时,学生起立聆听)

---

① 陈从周(1918~2000):原名郁文,晚年别号梓室,自称梓翁。中国闻名的著名古建筑、园林艺术家、专家。

之江大学建筑系借鉴了美国宾夕法尼亚大学建筑系的教学课程和建筑设计图房教学方法，着重于学生专业素质的培养，使毕业的学生具备很强的从业能力，许多毕业生之后都成为新中国建筑师中的佼佼者，成为设计大院中的技术骨干。学生中的方鉴泉成为华东建筑设计院总建筑师，张乾源为华东建筑设计院副总建筑师，赵冠谦为中国建筑设计研究院副总建筑师，黄克武为西北建筑设计院总建筑师，并荣获中国设计大师，田聘耕为西南建筑设计院总建筑师，王季卿为同济大学声学研究所创办人、上海市声学学会理事长，金瓯卜为建工部工业建筑设计院院长，庄涛声为上海城建学院院长……之江大学建筑系师生在参加浙江土特产展览会岳王庙大门设计、上海人民英雄纪念塔方案竞赛和太原轻丝纺织厂设计中表现出了高超的专业水平。上海人民英雄纪念塔方案竞赛谭垣、张充仁包揽了第一、第二名。太原轻丝纺织厂公开征求设计图样，之江大学获第一名、清华大学第二名、南京工学院第三名。

从1938年秋至1952年，之江大学建筑系走过了风风雨雨的十四年，时间虽然不长，但是在中国建筑教育史上写下了光辉的一页。这其中，作为之江大学建筑系创始人和最后一任系主任的陈植功不可没，他的学生张乾源说："陈老夫子，您是我的恩师，我的前辈；您是万师师表、建筑大师、一代宗匠；您品德高贵，为人厚道，永远铭记在学生们的心中"。另一个他的学生魏志达说："陈植老师是我之江大学建筑系主任，教我们建筑设计课程，他在改作业时常教导我，老老实实吃只'中'，不要去搞不切实际也难实施的创作构思，这句话成了我工作中的'座右铭'。"可见陈植不仅用心教授专业知识，他的人格魅力、他的人生态度亦使后一辈建筑师们受益匪浅。

金瓯卜诚邀入华东院

1945年10月25日台湾光复，这块36000平方公里的国土重新回到了祖国的怀抱。光复后的台湾百废待兴，重建工作十分紧迫，大陆的教育、文化、科研、工业和商业等部门开始投资台湾复兴经济。华盖建筑事务所也在1947年将业务伸向充满机会的台湾。

战后国民党政府接收在台各新式制糖会社，并于1946年5月合并改组成立台湾糖业有限公司。上海地区糖商供应和市民食糖配售也由该公司提供，后来利用台湾丰富的甘蔗资源发展成为大型糖业企业。华盖则有幸承接了该公司大楼的设计任务，由陈植负责。

陈植的岳父董显光1947年出任国民政府行政院政务委员兼新闻局长，1949年蒋介石国民党军队节节败退，董显光随国民政府撤到台湾，担任中国广播公司总经理兼《中央日报》董事长。董显光去台湾前，曾多次劝说陈植夫妇带着孩子一起去。当时，陈植与赵深也正忙于台糖公司大楼的项目，常往来于沪台两地，但他对国民政府失望至极。于是，终究还是不愿留台，1948年他与赵深去台湾结束了台湾糖业公司工程后，最终选择了留在上海迎接解放。

当五星红旗在伤痕累累的祖国大地上升起时，陈植内心激动，对新中国的建设充满了期待。战后祖国各地面临重建，工程建设项目接连不断，而且规模大，原有小型建筑设计事务所规模小，工种单一，已不能适应经济建设的需要。于是陈植与赵深等人商量，联合沪、宁、杭三地五家建筑师事务所创办联合顾问建筑师工程师事务所，由战象钟、许照、童寯、奚福泉、蔡显裕、罗邦杰、赵深、陈植、黄家骅、刘光华、冯宝玲、杨锡镠、黄元吉、哈雄文等人组成。1951年2月3日这些志同道合的建筑师、土木工程师和机械电工程师签署了合办人契约，开明宗旨"为改进建筑事业发展、建筑技术，本所同仁以自由职业地位各尽专长，集体服务社会、协助国家建设。"业务范围面向华北、西北和东北，并规定各合办人应遵守信条：（一）不损害国家利益；（二）不违背职业规章；（三）不破坏合作精神；（四）不妨碍集体行动；（五）不诋毁同仁名誉；（六）不推辞应尽责任；（七）不谋个人名利；（八）不企图学术自私。这是从自由执业的私人建筑事务所向合作化建筑事务所的转变，每位建筑师、工程师的集体利益观念有了很大的提升，并出于对建设祖国的急切心情，皆是不求功名利禄，只为修复祖国遭到的创伤。他们以满腔的热情投入到新中国的建设事业之中，甚至不远万里赴新疆设计石河子纺织厂，为石河子地区做城市规划，到山西榆次设计经纬纺织厂。

正在这时，陈植以前在之江大学建筑系的学生金瓯卜找上门来，久未谋面的陈植感到这位青年既熟悉又陌生，后来想起是第三班的金瓯卜。见到昔日学生来访，自是高兴激动，陈植关切地问他："在哪里做事？"金瓯卜说："老师，我在上海军管会工作"。原来金瓯卜在1938年参加了中国共产党，在抗日战争时期是上海地下党学生运动的重要负责人之一，新中国成立后他任上海市军管会工商局辅导处处长。陈植为金瓯卜感到高兴，接着问他"找我有什么事？"金瓯卜笑着说："我是奉命而来。"陈植惊讶："有什么事我可以做吗？"金瓯卜说："老师，我是来与您商量组建国营设计公司的……"金瓯卜把计划和盘托出，希望能得到老师的支持。果然，陈植爽朗地答应："好呀，我报名参加"。就这样全国第一家国营设计公司酝酿产生了，金瓯卜任华东建筑设计公司经理，陈植任总建筑师。1952年7月1日联合事务所的同仁罗邦杰、赵深、蔡显裕、许照等都加入华东建筑设计公司，精兵强将齐聚在一起，大大地增强了国营设计公司的业务实力。后来，童寯选择去南京工学院教书，赵深调到了建工部中央设计院当总工程师。

当时，陈植是从一名开业建筑师转变为国家干部，薪水自是不能与事务所时相提并论，于是领导上考虑给事务所来的这批骨干们另发津贴时，陈植坚决地谢绝了。

1953年9月，他参加了由贺龙担任团长的第三批赴朝鲜慰问中国人民志愿军代表团，与梅兰芳等各界著名人士赴朝慰问。慰问团带去了全国人民捐献的慰问金、慰问品和慰问信，到阵地前沿慰问那些不畏艰险而浴血奋战、抗美援朝保家卫国的战士们。

当时他们跨过鸭绿江，在朝鲜新义州下车。眼前是一片敌机轰炸后留下的焦土，断壁残垣，城镇车站、桥梁都被炸毁了。陈植震惊之余，亦是悲恸万分，美丽的家园在战争中毁于一旦。到了乐元机器厂慰问时，看到在被炸毁得没有屋顶仅剩下残壁倒墙的厂房里，许多妇女在丈夫遗留下来的机器前忍痛地坚持生产，他从英雄的人民身上感受到无比的力量。在爬向著名的英雄阵地——上甘岭路途中，战士们在开山修路，看到慰问团的到来，战士们都来迎接祖国的亲人，陈植摸着一个战士伤痕累累的手激动地说："你们辛苦了，感谢你们。"慰问团告别了志愿军回到一江之隔的丹东，半年多赴朝慰问经历，所见所闻对陈植来说是刻骨铭心的，这时他的报国之心比 1929 年学成回国时更强烈更迫切，热爱祖国、建设祖国的热情更加高涨。

上海中苏友好大厦

上海中苏友好大厦是中央决定在1955年3月在上海举办《苏联经济及文化建设成就展》的新建展馆,目的是为了介绍世界上第一个社会主义国家苏联的辉煌成就,学习苏联的经验,列入苏联政府对中国援建项目。任务重大,时间紧迫,在陈毅市长的协调下,潘汉年副市长亲自任"中苏友好大厦建管委员会"主任。

陈植访朝回国后,上海中苏友好大厦工程项目已在进行前期工作。陈植以华东建筑设计公司总建筑师身份作为中方专家组组长,成员还有结构总工程师蔡显裕、设备总工程师赵忠邃。苏联方面派出苏联中央设计院B·C·安德烈耶夫建筑师和他夫人凯斯洛娃建筑师,以及结构工程师郭赫曼组成苏方专家组,他们都曾是斯大林奖金的获得者。中苏两国专家合作一起选址、草拟方案图。

1954年4月中旬,苏联专家赫德曼到上海铜仁路哈同花园实地考察,陈植等中方专家陪同前往。这里是哈同花园旧址,虽然在哈同和夫人罗迦陵死后,被日本人占领破坏,已经废圮,但面积大,地理位置好,非常适宜建造大型展览馆。当晚,上海市领

陈植在原上海北火车站站台与外国专家合影　　陈植和苏联专家游览黄浦江

导设宴招待赫德曼，几杯酒过后，谈的兴起，他竟然放话说中苏友好大厦5月1日开工，不明真相的来宾一听都热烈鼓掌。第二天上海《解放日报》头版新闻刊出这条消息，在场的领导和专家们都惊讶了，酒后一句狂言，怎就公布天下了。懂行的都知道目前方案尚未定，图纸一张也没出，到时如何开工呀！第二天赫德曼酒醒后也知道闯了大祸，事关重大，已经骑虎难下。他急忙给北京的安德烈耶夫建筑师打电话求救。安德烈耶夫说："报纸已刊登了，中国政府和苏联政府以及全世界都知道了！我们现在只能靠集体努力，千方百计拼命也要在这天开工"，当时距离5月1日仅有19天。

　　为了这一句"承诺"，陈植、汪定曾、方鉴泉、蔡显裕带着一批建筑师、工程师赶紧前往北京与安德烈耶夫等苏联专家一起开始方案设计。安德烈耶夫最初画了个中国宝塔形草图方案，陈植认为不合适，否定了。时间紧迫，已由不得三番五次讨论，于是大家集体建议明确目标，分解任务。先根据展览馆功能设计平面图，然后分拆成中央大厅、东翼、西翼、工业馆和电影馆五大部分，各人再负责画出百分之一的平面图、立面图、剖面图。任务明确后，大家日夜奋战，常常通宵达旦，陈植当时年近花甲，仍与大家坚守在一起，不断商量研究方案，每天都是深夜才睡。大伙看到他眼睛熬红了，劝他早点休息，陈植却不以为然，还时不时说些幽默的笑话，逗乐大家，以缓解紧绷的神经。经过七天的日夜奋战，中苏友好大厦百分之一比例的设计方案奇迹般地呈现在大家面前。

　　上海市领导听取了设计方案汇报后，当即批准，设计人员立即进行中央大厅和东西两翼部分的基础设计，4月28日基础定位图交给施工单位，5月1日工程按时开工。

中苏友好大厦

上海中苏友好大厦占地面积 2.5 万平方米，建筑面积 54108 平方米，规模之大在当时是前所未有的，工期如此紧，亦是史无前例的。幸好陈植桃李满天下，昔日培养的学生，遇到了这个千年一遇的大工程都是踊跃上阵显身手。陈植找来之江大学建筑系毕业的张乾源、林俊煌、田聘耕、李莲霞等，让他们共同参与了中苏友好大厦设计，实践证明了这支队伍的战斗力。经过十个月边设计边施工，克服了种种困难，1955 年 3 月初大厦按时完工。3 月 15 日，大厦前红旗招展，人头攒动，《苏联经济及文化建设成就展》预展当天，安德烈耶夫在中央大厅顶部咖啡厅请来陈植等全体设计人员喝咖啡，他十分激动和兴奋地说："我由衷地对中国的知识分子和工人表示敬佩，像这样伟大的建筑，只用十个月时间建成是一个奇迹。"

具有俄罗斯古典风格、气势雄伟的中苏友好大厦，在广场花园和喷水池的衬托下显得端庄而美丽，建成后成为上海著名的人文景点，被评为 1949–1999 年的上海十佳建筑，以及建国 50 周年的十大金奖经典建筑之一。

上海鲁迅墓

陈植在上海中苏友好大厦工程中表现出了他高超的专业水平，认真负责的敬业精神和掌控全局的能力。1955年9月，陈植被任命为上海市规划建筑管理局副局长兼总建筑师，参与领导上海市城市建设。

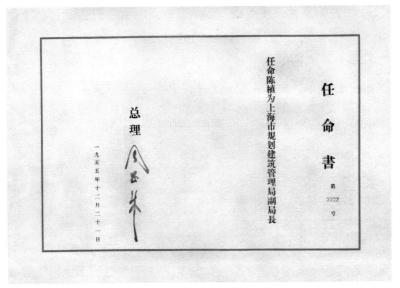

国务院任命书

陈植在规划建筑管理局遇见了老朋友汪定曾。当年之江大学建筑系办学期间，曾专程到汪定曾家请他去之江大学任教，而今有缘再次相遇又成了同事。他们俩在一个办公室里工作，面对面坐着，关系非常融洽。汪定曾从美国留学获得建筑硕士学位后，1939年在欧洲考察建筑，因为世界大战即将爆发，赶快回国，到了上海一时找不到工作，只好到昆明铁路局当工程师，抗战时转到后方重庆，在中央银行工程科当建筑师。抗战结束后，回到上海赵祖康当局长的上海市工务局当第二处处长，负责建筑请照工作，后来担任上海都市计划委员会副主任，上海解放后担任上海市政建设委员会副主任。在上海中苏友好大厦设计与建造时，他作为政府主管部门官员参加中苏友好大厦整个地区规划，陈植作为设计单位负责建筑设计，两人还一起去北京向建工部汇报工作。汪定曾调到规划建筑管理局当副局长兼副总建筑师，于是与陈植成了工作搭档。

1956年是鲁迅先生逝世20周年，中央决定适时将鲁迅先生墓地从万国公墓迁出，选择在虹口公园建造鲁迅墓地和纪念馆，那里靠近鲁迅先生在上海的寓所，且其生前经常去那里散步。作为新中国第一个以人名命名的纪念馆，该工程被列为重大工程，上海市成立了陈毅市长为主任委员会的鲁迅先生坟墓迁建委员会。同年6月，市里请了一些设计专家做方案，陈植和汪定曾合作出了一个方案，同济大学谭垣等也做了几个方案，后来上海市文化局方行局长将方案送去北京审查，最后采纳了陈植和汪定曾的设计方案。于是，陈植负责鲁迅墓地设计，汪定曾负责鲁迅纪念馆设计。

陈植回忆鲁迅墓地和纪念馆的设计构思时这样谈到："途入东江湾路的公园正门，向右信步北进，在东侧之路的尽端，坐落一幢明快、雅致、粗犷的江南民居建筑——鲁迅纪念馆。由侧面而入，

陈植在鲁迅墓地留影

已在创造一个朴实寂静的气氛。馆的南面草坪亦反映着同一基调。纪念馆内陈列着鲁迅的生活用品，他那刺向敌人的'刀笔剑墨'，鲁迅的浩瀚著作，鲁迅研究的大量资料和文献，使观众深刻地领会到鲁迅披荆斩棘的战斗意志，单身恋战的英雄气概，从而激起对他的热爱和崇敬，为瞻仰鲁迅墓在心灵中揭开了序幕。"对鲁迅墓地，他的设计构思："鲁迅墓位于园地北段居中面南，由馆北行，透过西北向常青树叶的空隙中，墓园似隐似现，左转西行豁然至北首现肖传玖教授所塑的鲁迅像屹立在宽阔的草坪广场上。总体规划中这一先抑后纵的手法显得含蓄。在墓的设计中，我摈弃了我国传统的阴沉郁闷的格式，代之以园中有墓，墓中有园的布局，相映成趣，爽朗明静。由广场拾级而上，引入一横向平台，可容纳二百余人谒墓，亦为儿童嬉戏创造了条件。鲁迅最爱儿童，他说'孩子们是我们的未来'。平台两侧筑有花廊，春有紫藤，夏有凌霄，廊内设座椅，供游客追思默念或阅览书刊。鲁迅总是鼓励人们勤于读，他曾说过，'我一天不看书都生活不下去'。墓的设计一反隐于碑后的惯例，而是让鲁迅虽死犹生，长眠于面向群众活动、儿童玩耍的场地。毛泽东同志所题的墓壁挂与幕后作为壮阔的背景。墓前两侧的广玉兰昂首挺立,墓壁东西各有松柏一株,墓东系许广平同志所植,西为周海婴同志所植。墓两旁的墙面与花廊石柱均以毛石砌成,以示鲁迅铁骨铮铮、坚贞不屈的豪迈性格。整个墓园的设计意在庄严高雅,平易近人。"

鲁迅墓

鲁迅墓地占地1600平方米,陈植的设计由四个部分组成。第一个部分是进入墓地小广场和公园道路连接,作为瞻仰人群交通集散的地方;第二部分是长方形天鹅绒草坪,中央矗立鲁迅铜像;第三部分是可容纳300人谒墓的大平台和正面高5.38米,宽10.02米的花岗石照壁,上面镌刻着毛主席亲笔题写的"鲁迅先生之墓";第四部分是墓后从东到西屏风式土山,栽满苍松翠柏和樱花及夹竹桃。整个墓地既庄严又不凝重,既有民族风格又显超凡脱俗。

在鲁迅纪念馆设计时，陈植和汪定曾商议，"我们认为这个建筑物的造型要求简洁、朴实、明朗、愉快、活泼、雅致，具备江南民居的风味。"汪定曾分工设计纪念馆，坚持从功能出发，使参观路线井然有序，毫无交叉，馆内气氛随之宁静顺畅。建筑平面布局采用江南庭院式，建筑立面采用鲁迅故乡绍兴的地方风格，白墙灰瓦马头山墙，毛石勒脚以及环式镂空的柱廊与栏杆。

1956年7月中旬开工，9月底鲁迅墓地及纪念馆竣工。10月14日鲁迅灵柩迁葬虹口公园新建墓地，并举行鲁迅塑像揭幕仪式，上海市领导、宋庆龄、巴金和许广平等2000余人参加了庄严又隆重的纪念仪式。10月25日起向社会公众开放，工人、农民、解放军战士和少先队员等络绎不绝，前来瞻仰这位伟大的文学家、思想家和革命家。1961年起鲁迅墓地和纪念馆被列为全国重点文物保护单位。

1990年陈植回忆这段历史时说："在设计过程中，倾慕鲁迅先生伟大的人格力量，学习他的横眉对敌，俯首为民的精神是一个深刻难忘的教育"。陈植在鲁迅墓地和纪念馆的设计实践中，正因为他深切地感受与了解了这位伟人的人性特点，与之产生心灵的碰撞与共鸣，故而才能如此淋漓地将鲁迅先生的人格魅力体现在设计作品之中，才能交出这样一份不朽的佳作。

上海闵行一条街

1957年上海市规划建筑管理局因市里机构调整而撤销,8月陈植就任上海市民用建筑设计院院长兼总建筑师。上海市民用建筑设计院的前身是成立于1953年1月的上海市建筑工程局生产技术处设计科,是新中国上海第一家市属国营设计

工作中的陈植

单位,科长是刘慧中,当时只有十余人。由于处在恢复经济时期,基本建设项目量大面广。是年5月,设计科扩大为设计室,人员扩至70多人,当年即投入到上海市第一个工人新村曹杨新村的施工设计与上海市工人新村2万户定型住宅设计之中。1955年2月,在上海市建筑工程局设计室基础上又扩大为上海市建筑设计公司,施宜为公司经理,当时主要的设计业务还是工人新村住宅及配套的学校、菜场、商店等项目。1956年上海市人民委员会决定撤销上海市建筑设计公司成立上海市民用建筑设计院,人员激增至489人。陈植来到民用建筑设计院,一面贯彻上海市领导的

建设意图，一面紧紧抓住关系民生的居住建筑这根主线，为人民安居乐业设计美好家园。

只有了解过去，并知道现在，才能明确将来的发展方向。陈植对旧上海的居住情况非常了解，"上海的居住建筑更是带有残酷的阶级烙印，一方面是少数的洋商、买办、官僚、地主、资本家的花园住宅、高层公寓，水电、采暖、卫生、煤气、电梯，一应俱全；柏油马路、公共交通，四通八达；高级商店、电影院、剧场、医院、学校等公共建筑，配备完善；既有独享的花园，又有邻近的花园。总之，现代化城市的一切设备，完全应有尽有。另一方面是一百六十万左右的劳动人民，迫于高租金，被贫困所驱，住的是铁路两旁，或是四周荒地，或是靠近污水沟的贫民窟，对于他们来说，上海不是一个乐园，而是一个罪恶的城市。他们为上海铺设了道路，上下水道，各种工程管线，而在他们的居住地区，只有雨天的泥泞与积水，晴天灰尘飞扬的小巷；大都是没有电灯，没有公共交通，他们喝的是受到污染的井水、河水。他们为上海建造了多少高楼大厦，而他们自己所住的是年久失修或早已该拆的危险房屋，外面下大雨，里面下小雨，草顶棚屋，把每一层楼分搭的两层的'阁楼'，停泊在排除生活污水的河浜中的船居。他们为上海的高等住宅区栽满了绿荫，而他们居住过的地方很多为工程的有害气体、工业废水所包围。他们为上海造了不少医院和学校，他们自己是有病无钱医，子弟无钱不上学。"陈植能深切体会到劳动人民的疾苦，深知他们居住环境的恶劣，从而清楚地认识到建筑师的作为。他说："住宅建设是国民经济的组成部分之一，投资多，数量大，占地面积广，是关系着广大人民生活的一件大事，如何根据生产力发展的条件，尽可能地满足广大群众居住上的要求，如何随着生产力的提高逐步提高居住的标准，就是有关多快好省的关键性的问题。"为做好居住建筑设计，他调集精兵强将成立住宅建筑研究所，开展住宅及配套建筑的调查研究，对住宅建筑日照、开间、进深、建筑模数以及厨房间、卫生间的设计逐一进行深入研究。

当时上海市民用建筑设计院承担全市统建工人住宅的设计任务，由于住宅研究先行，在设计1957年和1958年上海市标准住宅时，设计成果类型多样，适用于各类不同的居住情况，经济又适用。随着国家经济建设的发展，国民经济条件的逐步改善，住宅标准逐年提高，增设了浴室和阳台。1959年设计了上海市九种类型住宅设计，户型有二室户和三室户，平面有蝴蝶式、凹凸式、外廊式、跳廊式、锯齿式、内廊式等，立面朴素简洁，并适当结合地方风貌，突出地方风格。

上海闵行一条街是20世纪50年代上海住宅建设的样板。由于1958年上海闵行机电工业的迅速发展，相继建成上海电机厂、上海汽轮机厂、上海重型机器厂、上海锅炉厂等大型骨干企业。上海市领导提出一面抓生产一面抓生活，在闵行建设远期人口为20万的卫星城镇，并提出"先成街后成坊"的原则。陈植和副院长汪定曾带领张志模、庄镇芬、朱菊生、庄周生等一批建筑师和工程师根据市里的意见挑灯夜战，投入紧张的设计。第一期工程1959年4月开始边设计边施工，至同年10月建成四至五层楼房31幢，底层为商店的住宅6幢，建筑面积达7.29万平方米，同时建造闵行饭店、闵行妇女用品商店、闵行邮电局等公共建筑10项，建筑面积达1.49万平方米。由此，呈现在世人面前的是居住舒适、环境优美、服务便捷的商业一条街，一派欣欣向荣的情景，开创了全国建设卫星城的先河。新闻媒体也在广泛宣传报道，许多党和国家领导人视察后都一致称好。后来在上海北郊张庙地区，配合上钢五厂、上海铁合金厂等钢铁工业发展,又设计建造了张庙一条街,同样好评如潮。

1959年8月,陈植在"解放十年来上海的住宅建设"一文中说:"解放十年来,70万劳动人民已经从狭小、拥挤、阴暗、潮湿的贫民窟迁居到敞亮舒适,充满阳光,有卫生设备、电灯的楼房,既有绿化,又有公共福利设施,这说明由于党的无限关怀,上海的居住建设正如全国其他地区一样,已经取得了空前的成就,充分体现了社会主义的无比优越性。"汪定曾也说:"闵行和张庙的住宅建筑,我认为它是较好地继承了民族的传统和地方风格,并在新的历史条件下,加以适当的革新。"

50年后我们再一次走访当年的闵行一条街,建筑依然显得落落大方,并没有陈旧、落伍的感觉,当时在道路两旁栽下的香樟树苗已经长成粗壮的大树。闵行一条街现在名为江川路,我们问了许多过路的青年人是否知道闵行一条街,他们都说不知道,当问及一个中年人时,他很快就告诉我们"江川路就是闵行一条街",那神情中还满含着对当年闵行一条街建成时的激动,以及透露着对那段历史的亲切。而今大半个世纪过去了,以后的人们也许不再知道当年的设计者和建设者,但是史料上记载着他们的功绩,正是前辈们的辛勤劳动,才有今天幸福安康的生活。

陈植在关系到人民大众的住宅设计中深感到建筑师的责任重大,在当时"适用、经济、在可能条件下注意美观"的设计方针指导下,在土地利用上绞尽脑汁,千方百计做到"经济",提高居住用地的百分比,使用一定限度的资金、办尽可能多的事,为人民设计适用、美观、质量好、造价低、多品种的职工住宅。1959年上海市人代会上陈植表示"坚决地为完成光荣的复杂的上海住宅建设任务而努力",这是他向上海人民立下的誓言和承诺。与此同时，他的世界观和人生观也有了很大的变化，他以百姓"安居乐业"为己任，深入到普陀区药水弄，南市四牌楼、闸北区蕃瓜弄等棚户区调研，了解百姓疾苦和居住要求，在设计中充分考虑他们的呼声。1963年在蕃瓜弄棚户区改造为住宅小区项目中，陈植还亲自审查图纸，不放过平面布置中任何一个不合理处，一丝不苟、严谨务实的精神体现了他对人民的热爱。

繁荣建筑创作

1959年5~6月,建工部和中国建筑学会在上海联合召开"住宅标准及建筑艺术问题座谈会",全国各地120余名建筑师参加了会议,建工部刘秀峰部长做了题为《创造中国的社会主义的建筑新风格》的报告,这是在"百花齐放,百家争鸣"的舆论氛围下,建筑设计界针对"创造中国社会主义建筑新风格"观点的一次大讨论。在20世纪30年代,中国建筑师曾发起过"中国固有建筑风格"的讨论,但是规模较小,未见气候。而这次是大规模地发动,全国性讨论,在中国建筑史上前所未有的。

陈植一面认真聆听各地代表的发言,一面准备自己的演讲稿。他的发言安排在5月26日,题目很简单,名为"对建筑形式的

陈植在讨论上海博物馆方案

陈植与魏敦山在讨论设计方案

一些看法"。首先他谈了建筑艺术的定位问题,他说"建筑是政治、经济、技术、艺术的结晶,有它的艺术性的一面,但是它的首要目的是为了满足广大人民在物质文化生活上的需要。因此,建筑的美观只能是派生的、从属的。所谓从属绝不是说在建筑设计中可以忽视美的因素,因为建筑除了符合使用上的要求之外,还必

陈植在设计方案评审会上

陈植在建国四十周年上海十佳建筑评选会上

1990年陈植在上海市建筑师学会成立大会上讲话

须满足人民群众精神生活上的需要,建筑的美观亦是相对的,只有适合一定的时期、地点、条件才能对建筑物的美作出比较正确的评价。"

关于建筑如何表现新的民族形式的问题,陈植这样说道:"建筑形式必须从功能出发","建筑形式应该表达建筑物的形式","任何违背内容的形式、任何为形式的美而牺牲适用的做法都根源于思想上的片面性"。对单体建筑造型与城市建筑群协调问题,陈植说:"一个单体很难能够脱离它所属的建筑群孤立地存在着。如果一个街坊中的组成单元千篇一律,毫无变化,排列又是单调,那么不论这个单元本身在形式上多么完善,不可避免地会给人们一个枯燥乏味的感受。""一个建筑群之内,在艺术上应该既要有统一,又要多变化。统一与变化不应该是对立的。"对建筑形式与自然环境的关系,陈植认为要"尽量利用大自然作为建筑物的衬托,把建筑物作为自然的点缀,亦就是说,自然环境与建筑物必须作为

陈植在科学会堂开会

一个整体来看待。"对建筑民族形式，他说："我们一定要以毛主席所说的'科学的、大众的、民族的'，作为我们创造的方向，亦就是说要有科学的内容，大众的方向，民族的形式。这三者不是孤立的，而应该是一个不可分割的整体。""继承民族的建筑优秀传统，取其精华，去其糟粕"，"继承精华，只是吸取其精神，不是抄制其实例。"

这一时期陈植的建筑设计思想日趋成熟，他先后发表多篇文章阐述自己对建筑的感知，对建筑风格的看法和建筑师的社会责任。1961年他在《建筑学报》上发表"试谈建筑艺术的若干问题"，围绕着建筑内容与形式、建筑形式与风格和新材料、新结构与民族形式的问题展开讨论。这篇文章是在1959年发言稿的基础上加以反复思考、反复修改而成，所以对建筑艺术的认识更上一层

陈植92岁时对设计工作精辟的总结　　陈植在京、津、穗、沪四院建筑设计展览会观看模型

楼。他说："建筑有它的双重性，它既是一门科学技术，又涉及艺术。拿建筑物来说，主要是一个物质产品，但是亦是一件艺术创作，是一个具有艺术价值的物质产品，一件受物质技术条件制约的艺术创作。"这段言简意赅的话，揭示了建筑的特点。他反对抽象的建筑艺术，"建筑艺术是通过建筑实体而表现出来的一种艺术"，"它反映着社会的思想意识和精神面貌，但是它既服从于建筑功能的需要，又限制于材料结构的性能。功能的合理、结构的合理，都对建筑艺术起重大的影响"。令人惊异的是陈植在此文中谈到建筑"以人为本"的思想和40多年后今天提倡"以人为本"的宗旨不谋而合，他说："社会主义建筑的优越性，最主要表现在建筑为人民所创，为人民所有，为人民所用。社会主义建筑不论在单体上、群体上或在城市整体上，都是从一个原则出发：人是国家最大的财富。"陈植在整篇论文里，谈建筑与人、建筑师发挥个人创造性和走群众路线。这些观点在那见物不见人的年代，是一种重大突破，直至今天仍具有现实意义。

1982年后，已届高龄的陈植退居二线担任上海市建设委员会顾问，在参加上海铁路新客站、上海图书馆新馆、上海博物馆等重大工程方案评审时，反复表达了他的建筑设计理念。他在92岁时亲笔题写：

继承民族传统精华
突出地方固有风貌
反映技术先进内容
显示时代前进步伐

这是他一生从事建筑设计，并不断探索前进而形成的建筑设计思想的结晶。

锦江小礼堂

　　1958年陈植兼任上海市基本建设委员会委员、总建筑师,参加市里重大工程的审查。1959年中央决定在上海召开中共八届七中全会,此次会议对安保和保密的要求很高,而当时上海没有几个能举办大型会议的场所,最后毛泽东和周恩来决定在上海的锦江饭店举行。锦江饭店解决住宿不成问题,但开会则需要新建一座小礼堂。同年2月,当时的总书记邓小平和中共中央办公厅主任杨尚昆专程来上海锦江饭店察看地形,决定就在饭店北楼与中楼之间盖小礼堂。中共上海市委经过认真研究后,定下了"庄严、朴实、适用、保密"的八字方针,并点名由陈植负责锦江小礼堂设计。
　　小礼堂建筑面积1200平方米,工程规模虽不大,但工期紧,同年的4月初就要使用;规格也很高,中央主要领导及各地的一把手都会参会。陈植虽曾经历过上海中苏友好大厦、上海鲁迅墓地和纪念馆等重大工程项目的实践,有技术、有能力、也有经验应对此类重大工程项目设计,但是这次的任务却让他激动得夜不能寐。党将此重任托付于他,他深感党对他的高度信任和器重,他说:"在很多场合,我是唯一的党外人士,党把我看做自己人,我感到无限的光荣,使我感激不尽,惶恐无比。"

锦江小礼堂

难以抚平内心的激动,只有化为激励自己的动力,通宵达旦、夜以继日地工作,最终向党交上了一份满意的答卷。锦江小礼堂设计富有民族风格,高雅大方,不落俗套,经典又气派。设计方案经邓小平、杨尚昆审核,周恩来批准后,正式进入边设计边施工阶段。当时有一老外记者住在锦江饭店,他闻讯后不相信小礼堂能在如此短的时间内完工,于是每天都到现场拍照,为此现场工作人员也更加积极地赶工。陈植几乎吃住在工地,与工人们并肩奋战,最终奇迹般地在如此短的工期内建成了当时国内一流的会堂建筑。周恩来会前检查各项准备工作时,对小礼堂的完工赞不绝口:"不错嘛,这样短的时间能盖起来,布置得很好。"

1959年4月2日至5日,中共八届七中全会如期在上海锦江小礼堂举行。毛泽东、朱德、周恩来、陈云、邓小平、林伯渠、董必武等中央领导同志,全体中央委员和省委第一书记共200多人出席了会议。会上通过了1959年国民经济计划草案,对人民公社的整顿工作进行了检查,拟议了国家领导人名单。毛泽东亦对锦江小礼堂十分满意,高度赞扬了设计者和建造者。后来,毛泽东来上海，多次住在锦江饭店。以后的许多重要会议也都首选锦江小礼堂。

1972年2月28日下午四时，美国总统尼克松和中华人民共和国总理周恩来在锦江小礼堂签署了举世瞩目的《中美联合公报》，成为中美两国友好史上重要里程碑。

一晃20多年，考虑到重要会堂抗震等原因，锦江小礼堂面临重建。消息传到已经97岁高龄的陈植那里，遭到他的强烈反对，他认为这是见证许多重要历史事件的场所，不能消失。1996年4月江泽民总书记在锦江小礼堂接见中亚三国首脑时，对小礼堂如何处置也很关心。锦江饭店根据领导的意见，邀请了上海市规划局、文物管理委员会进行商议，经过历时数月的反复讨论后，终于采纳了规划局副总工程师赵天佐等诸位专家的意见，即保留原来小礼堂正门（改建后的北侧门），样式不作任何改动，同时制作原小礼堂建筑模型并永远存放在正门大厅，以资纪念。专家们将此方案征求陈植意见，他方才认可。经市有关领导批准后，小礼堂改建后扩大为10960平方米。

上海西郊宾馆的毛泽东住所，以及原法国总会改建为文化俱乐部的设计，皆是出自陈植之手。采访陈植长子艾先时，他告诉我们"当年会议期间为安全，毛主席住在锦江饭店对面的文化俱乐部。当时先父参与了室内建筑的布置，在任务完成后，他看到毛主席办公桌上的毛笔，出于崇敬之情，借随市领导复查的机会对市里秘书长说想拿一支留作纪念"，没曾想秘书长说"可以啊，只要再买一支一样的放进去就行"，"先父回来后兴奋地说了此事，我还专程去福州路文具店觅了一支同样的'小似神'狼毫笔"。

十大建筑献计献策

　　1959年10月1日在天安门广场上举行中华人民共和国建国十周年庆典，这是新中国成立以来规模最大的一次庆典。为了在空间上配合这次庆典，中共中央在1958年8月决定要进行天安门广场改建和在北京建设"国庆十大工程"。同年9月5日，北京市委书记处书记、副市长万里在北京市政府大楼会议室，传达中央"关于筹备庆祝建国十周年"的通知，要求在建国十周年到来之前，建好大会堂、革命博物馆、历史博物馆、国家剧院、军事博物馆、科技馆、艺术展览馆、民族文化宫、农业展览馆，加上原有的工业展览馆，共十大公共建筑。

　　为了集思广益做好设计方案，由北京市人民委员会和中国建筑学会联名发出电报，邀请全国各地著名建筑专家参加国庆工程方案设计工作。中国建筑学会秘书长汪季琦和北京市建筑学会党组书记沈勃专门商议拟定了受邀专家的名单，经万里同意后向各地发出。

　　9月8日至10日晚，各地专家约30多人陆续抵京，被安排在和平宾馆，其中包括：南京工学院建筑系主任杨廷宝，南京市设计院副院长江一麟，上海华东工业建筑设计院副院长赵深，上海市民用建筑设计院院长陈植，同济大学教授金经昌，清华大学建筑系主任梁思成、吴良镛，北京市建筑设计院和市规划局的张开济、赵冬日，建工部设计院的王华彬、陈登鳌，广东的林克明、陈伯奇、黄远强，辽宁的毛梓尧，吉林的郑炳文，浙江的陈曾植，河北的徐中、邬天柱，陕西的洪青，甘肃的杨耀，湖北的鲍鼎、殷海云、王秉忱等。当天晚上，专家齐聚和平宾馆，北京市规划局局长冯佩之和沈勃到宾馆向各地专家介绍任务情况，要求大家在五天时间内拿出第一稿设计方案，还请北京市建筑设计院为他们搬来了画板和画架。

当时的设计方案竞赛规定以个人或小组名义参加，分阶段交卷，然后领导审阅，大家评议，意见汇总后进入下一阶段。

9月15日，第一稿设计方案都如期完成，北京市委领导审阅后没有给出具体意见，只是说"进一步解放思想"。于是，第二稿设计方案开始了。这次，除北京各设计院做方案外，各地专家分三个组，梁思成牵头做革命博物馆、历史博物馆方案；杨廷宝牵头做大会堂方案；赵深、陈植牵头做国家剧院方案。各地还纷纷增派年轻力量前来支援，又是连续奋战5天，共一百多张图纸，成稿后大家观摩并提出修改意见。然而对于第二稿设计方案，领导还是不满意，方案迟迟定不下来。到了第四稿设计方案，广泛发动北京市各设计院和清华大学师生，但对方案仍有争议。接着第五稿设计方案至第七稿设计方案，争论一直在继续。

这些专家从来没有设计过规模如此宏伟的建筑物，也吃不准领导的意图，最主要是对天安门广场的性质、规模大小、周围建筑处理和新建建筑尺度等问题上认识不一致，使他们犯了难。

最后，彭真传达毛泽东指示这才定局。天安门广场从原长安左门与长安右门一直向南拓展，直抵正阳门一线城墙。这个原则确定后，天安门广场改建东西宽500米，南北长860米，面积达44公顷。

北京市委又对各专家方案，进行讨论，选出陈植方案、赵深方案、刘敦桢方案、戴念慈方案、毛梓尧方案和第十方案共七个报送中央审查。因为原计划的国庆十大工程后来作了调整，陈植、赵深不再做国家剧院方案，集中精力做天安门广场改造规划方案，他们俩竭尽全力拿出两个方案全部入围，送中央审查，陈植甚感欣慰。陈植的方案将大会堂、博物馆等4个单体安排在天安门广场两侧，与最高领导人要搞百万人广场、万人大会堂的雄伟思想相比还是显得保守了。在当时热火朝天的大跃进时代，许多事情都还是前所未有的，惊天动地的，恪守本分的陈植，思想即便是解放了再解放还是跟不上。原大会堂建筑面积5万平方米，后来放大至7.5万平方米，如此还认为不雄伟，北京市规划局赵冬日、沈其做了个17万平方米的方案，结果中选，这个选择让在场的专家们都惊呆了，在经历了1955年的反复古、反浪费运动，1956年的"百家争鸣"后，这一切都让他们觉得不可理解。

梁思成认为天安门广场太大，不符合人的尺度，好似人淹没在一片沙漠之中。大会堂尺度简单放大，把开间、层高、甚至门、窗户、壁等放大一倍，人一进去，似乎小矮人来到了巨人国的感觉。王华彬对一味追求设计面积、庞大的建筑体量提出批评，认为是大而无当。

同济大学参加大会堂设计方案是第二稿后，根据周总理指示请同济大学、南京工学院、天津大学、华南工学院4所大学一起参加方案设计。同济大学师生经过日夜奋战，拿出两个设计方案，但是都是按照建筑面积7.5万平方米的规模构思设计，却并不知道还有个17万平方米的说法，这些方案后来被否决了。

北京天安门广场改建和大会堂新建工程引起了专家们的争议，来自各地的专家都想竭尽全力奉献自己最好的设计作品，但是他们对最高领导求大的精神宗旨始终不解，为什么大了又大？因为他们始终恪守着"适用、经济、在可能条件下的美观"的原则。

同济大学吴景祥、冯纪忠、黄作燊、谭垣和陈植、赵深6位专家怀着对人民负责和一个建筑师的职业道德，联名向周恩来送上书面报告，对天安门广场500米宽表示担忧，惟恐出现旷野和建筑比例失调的现象。他们援引了欧洲名城的一些比例关系，广场上的标志性建筑高度与广场深度一般构成1:4至1:6的比例，如用1:4来套天安门广场，500米将要求125米的建筑高度。1:6将要求建筑高度至少83米，而中选方案大会堂东门高40米，已经超过33.7米的天安门城墙高度，而以40:500则构成1:12.5，比例严重失调，丧失美感。其次，他们认为大会堂中选方案立面风格类似日内瓦国际联盟设计竞赛中选方案，也是西方新古典的折中主义风格，并未体现大胆创新、不拘一格。

周恩来见信后，通过北京市副市长吴晗致电他们出席座谈会。当时边设计边施工，一直在赶进度，北京市院承担施工图设计，基础施工图已经完成。1959年1月20日周恩来、彭真等领导人在北京市人委交际处开座谈会，倾听专家们的意见，周恩来在会上说："听说大家对人民会堂还有很多意见，这个房子如果有缺点，大家就当有病的孩子来对待，首先考虑治病的问题。"周恩来强调房屋结构安全性后，对专家们担心规模太大的问题，据张镈在《我的建筑创作道路》一书中回忆，总理还说："我们就是要好社会主义之大，急社会主义之功，而不是追求无目的之好大喜功。仍旧贯彻党的适用、经济、美观的原则，做到'大而得当'，不能'大而无当'。"总理还说："我们不能囿于狭隘的地方民族主义的圈子之内，应该中外古今，一切精华，包含并蓄，皆为我用。如果大家还不满意的话，好在我们的建设量将会很大，可以在别处再试。这里就不必再动了。"

　　1958年的大跃进在狂热的冒进情绪后，经济发展失衡的严重后果日渐暴露出来了，钢材等建筑材料都出现了短缺。1959年2月28日，周恩来在中南海主持国庆工程汇报会，形成决议，压缩国庆工程规模，有的项目推后，有的项目缩减规模，国庆十大工程调整为：人民大会堂、革命历史博物馆、全国农业展览馆、军事博物馆、民族文化宫、迎宾馆、工人体育场、北京火车站、民族饭店、华侨大厦。

　　今天当人们理性地看待天安门广场和大会堂建筑时，若了解当年的这段往事，定能感受到陈植、梁思成等老一辈建筑师们对党和人民的一片赤胆忠心。他们不仅业务精深，更伟大的是在当时的环境中敢冒政治风险直言不讳，可见他们对党、对国家的一片赤诚。

工程师合唱团指挥

1959 年至 1961 年，粮食生产受到严重影响，引起饥荒。全国的经济陷入窘境，人民生活出现缺粮、缺布、缺肉，政府不得不采取按城镇人口计划限配的措施，发粮票、布票和各种票券。紧接着各地的基本建设项目由于国家经济困难，纷纷停建或下马。1960 年开始，设计院承接的设计项目骤减，许多设计人员没事干，人心不稳。

党和政府号召全国人民同心同德抗击自然灾害，各地掀起大唱革命歌曲的浪潮，以鼓舞全民士气克服暂时的困难。上海市民用建筑设计院党委决定组建工程师合唱团，由院工会发动职工报名，通过层层动员，很快就有近百名建筑师和工程师报名参加。

工程师合唱团正式成立了，在广东路 17 号设计院大楼三楼小礼堂里排练起大合唱来。院工会邀请院长陈植担纲指挥，原本就热爱音乐的陈植当然一口答应。院长亲自上阵指挥，给合唱团团员们很大鼓舞。陈植曾参加美国宾夕法尼亚大学合唱团，还到各地演出，在大合唱方面亦是有经验有造诣的。根据对音乐和歌词的理解，随着旋律挥舞双臂，曲到高潮处整个身躯亦会随之扭动，激昂万分。百人合唱团跟随着大师激情万丈的指挥，唱出了斗志，振奋了精神。

参加合唱团的建筑师和工程师们排练时都十分认真和投入，陈植作为院长虽公务繁忙，日理万机，但是每到演出，他总是挤出时间提前到来，精神饱满地投入指挥的角色。设计院有这么多建筑师、工程师参加大合唱，在院长的专业指挥下，歌唱水平不亚于专业合唱团。尤祥澜、周政平、范能力、刘慧中、丁子梁等一拨神似意大利男高音歌唱家帕瓦罗蒂一样身材的老建筑师往台上一站，气势自不一般，再加上青年女建筑师舒秀珍、李承玲的优美领唱声，以及院长的亲自指挥，每次演出都能激起热烈的掌声。

在那个农副产品供应缺乏、物资短缺的年代里，设计院、工程师大唱《社会主义好》、《歌唱祖国》等革命歌曲，鼓舞人心，激发斗志。这一时期，陈植不仅指挥他们大合唱，还发动大家开展业务练兵活动，弥补设计业务不足导致的"无所事事"。"磨刀不误砍柴工"，设计人员纷纷开展各种业务学习，院里还组织了住宅的调研活动，成立农村建筑设计组由周庭柏建筑师为组长，面向上海广大郊区设计农民新村、农村中小学，配合国家面向农村，大力发展农业的政策。

1963年国家经济逐渐恢复，设计项目又多了起来，于是招收了一大批青年人。当时大学本科生进院转正后每月工资有60元，硕士研究生凤毛麟角，仅有几个人，章明、李治矾也仅65元。院里把青年人也吸收到工程师合唱团，虽然青年人都还是技术员、助理技术员，但能参加工程师合唱团都感到很荣幸。因为许多人从小的理想就是长大后能成为工程师。他们高唱《我们走在大路上》，方世敏亲自还作词、作曲创作了一首《工程师之歌》。经过精心排练，老、中、青三代同堂的工程师合唱团登上了上海音乐厅的舞台，参加上海市歌咏比赛。当时年届花甲的陈植依然精神抖擞地指挥这场三代同堂、气势宏伟的大合唱，引起了上海新闻界的高度关注，报上不断刊登有关消息。工程师合唱团因此名扬全市。设计院的年轻一代唱着《我们走在大路上》的歌，意气风发，斗志昂扬，投入到又一轮国家基本建设高潮中，设计出大跨度、风格独特的南京西路上海杂技场；完成了蕃瓜弄棚户区的改造、上海跳水池和虹口体育场的改造。

直至20世纪80年代、90年代，工程师合唱团仍会出去演出，1988年9月16日在上海音乐学院礼堂演出，1993年9月15日在上海商城剧院参加中日文化交流演出。不过，陈植年事已高，体力不支，于是由罗文正代替指挥，但是退居二线的他仍十分关注合唱团的活动，为他们的每次演出表示祝贺。

上海文物建筑保护

出身书香门第的陈植和他父亲、祖父一样不仅喜爱书画，而且十分爱好收藏名家字画和古玩。1983年元月他割爱自己收藏的宣德御制款刻十八罗汉铜臂搁1件，清代赵之谦书蓝洲上款字对1副，捐赠上海博物馆，博物馆称赞他"发扬爱国主义精神，舒可嘉尚"。

陈植认为一名建筑师不仅要设计出传世的优秀建筑，还要为修缮和保护尚存的历史建筑竭尽全力。最近在搜索有关史料时发现一段过去不知晓的史料：新华社上海（1949年8月）26日讯，上海军管会及市政府已拨出巨款修建上海市香山路七号孙中山先生故居。沪军管会及人民政府在上月征得孙夫人宋庆龄之同意后，当即聘请本市有名的华盖建筑事务所陈植建筑师精密设计，随由陆福顺营造厂承包全部工程，修

上海博物馆捐赠证书

建工程已于八月十九日开始,预计三个月内完成。陈植在担任上海市民用建筑设计院院长期间,十分重视古建筑和革命历史遗址的修复设计,设计院几乎承担了当时上海市文物保管委员会和上海革命历史文化纪念馆(筹)的全部设计任务。其中中共一大会址、渔阳里原团中央机关旧址、安义路毛泽东旧居、威海卫路毛泽东故居、豫园、真如寺、松江方塔、青浦青龙塔、嘉定孔庙等的测绘、修缮图纸,他都亲自审阅,并对设计人员悉心指导。

陈植与章明总建筑师亲切交谈

陈植与友人陈从周(右一)、唐云(左一)

陈植与魏敦山（右一）、钱学中（左一）

1979年天马山护珠塔严重倾斜，当时兼任上海市文物管理委员会副主任的陈植亲自上山踏勘，回来后组织结构工程师开会研究，最后形成"斜而不倒"的加固方案。周公馆的修复由他主持工程设计，陈植认为要解决房屋倾斜问题，首先要勘察房屋地基，查阅建筑档案。果然在地质勘查钻探后发现房屋基础下面还有不为人知的暗沟，找到根源后即可对症下药，加固了地基，避免了房屋因沉陷不均而造成的裂缝。

他对上海近代优秀建筑保护工作十分关心，在全国人大会议和其他各种场合上发表了许多加强近代优秀建筑保护的意见。1987年已是86岁高龄的他，亲自调查了上海20余处近代公共建筑、学校、教堂和住宅，攀上爬下，深入现场。调查发现有的建筑长年失修损毁严重，有的见缝插针违章搭建破坏环境，有的建筑被不当占用，回来后激动地奋笔疾书《保护上海近代建筑刻不容缓》。同年12月28日在纪念国务院公布上海市列为国家历史文化名城一周年的座谈会上，他慷慨激昂地全文宣读，并列举了三天调查发现的问题后说："上海被批准为国家历史文化名城对上海是一个极大的荣誉，对全上海人民是莫大的鼓舞。如何忠实地保护这一名城是发扬上海六千年的悠久传统，表达上海历史文化的纵深感，体现上海人民的文化素质，确保上海作为国际型城市的声誉的试金石。由于涉及面广，情况复杂，因之任务艰巨，工作繁重。对此我建议：广为宣传，唤起舆论；监理机构，分设专业；深入调查，详列项目；全面规划，确保重点；区别对象，落实措施；制定法规，严格执行。"

　　陈植的发言引起了在场市领导的高度重视，不久市领导将近代优秀建筑保护的课题下达给市规划局，他会同罗小未、章明等各方面专家提出上海近代优秀建筑保护名单，由上海市规划设计院详细调查后，经上海市人民政府批准，1989年8月30日首批公布61处保护单位。从此开创了全国近代优秀建筑保护的先例，在全国产生了良好的示范效应。

关心市政直言不讳

20世纪的八九十年代,陈植已届耄耋之年,虽头晕、胃痛等多种慢性疾病缠身,却心系上海城市建设和环境保护。

上海铁路新客站落成后,他观看新客站总体规划模型,直言不讳地反对南广场拟建两座封口大楼。他认为火车站的立面不能遮挡,应当改为绿化场地,让广大旅客很容易识别。1990年8月他特地调阅了华东建筑设计院关于新客站中央商业网点规划设计说明、设计方案和评审报告,认为"广场上不宜人为地加剧人流、车流,导致广场本身更拥挤嘈杂,天目西路车行更困难,甚至处于爬行状态,这正是现拟的规划方案可能造成的后果。在规划方面必须放眼未来,留有周旋余地。处于目前的经济效益、急于'填满塞足'、'自

陈植在家里

我束缚',恐非计也。"过了一个星期,他看了新客站中央商业网点规划设计方案后,"已感不适",他认为"现在的规划方案的失误,一是两座商场、旅馆的庞大体积将客站完全封闭,所谓水平视线、垂直路线仅在中轴两个特定的点上向此凝视而能见度只是在客站中央的上端部分一半以上,客站面貌,显得残缺;二是客站的静观光量如此,而动观亦仅是天目西路、恒丰路车行时一瞬即逝;三是商场旅馆大楼以其50米的高度,以两侧的'优势'傲慢地俯视着仅21米高的客站,客站渺乎小矣;四是从日照而言,客站是处在阴影笼罩之中。曾几何时,新客站已从上海显要的公共建筑和十佳建筑之一的地位,跌落到从属于经济效果的商业性建筑。主次颠倒,莫此为甚。规划设计已为建筑设计定了框框,建筑设计亦只能在这一范围内活动,难矣。"

陈植是从建筑专家的眼光看问题,铁路站屋属于公共建筑,应从功能需要出发,站屋与城市主干道间应当是敞开空间,有利

陈植关心浦东新区的规划和建设

于大流量人群对站屋及出入口的识别和疏散。但是闸北区政府领导认为动迁了1400户居民的代价太大了，火车站前建造大楼可以挣钱补偿动迁付出的代价。最后上海市副市长倪天增和孟建柱协调后，决定控制大楼的高度。

陈植对生态环境也十分关心，上海淀山湖是黄浦江水源，由于沿湖的开发项目增多，影响淀山湖生态环境。于是给倪天增副市长写信对淀山湖地区开发提出三点意见：（一）淀山湖开发项目众多，排入湖中的污水必将破坏湖泊的生态平衡，引起黄浦江上游的污染；（二）淀山湖环境应从幽静而取胜，不宜设置喧哗熙攘的游乐场所；（三）风景区规划应"以景为主，用景制宜，景色为衬托，建筑为点缀。"

一次，他听说大光明电影院对面的人民公园被一家肯德基餐厅吞噬了一块绿地，非常生气，就到市长那里呼吁绿地不能侵占。有一阵，国际饭店等上海的高楼上巨幅广告搭建厉害，有甚者几

陈植与陈铁迪在颁奖仪式上

乎完全覆盖建筑造型，影响了市容整洁美观。上海大世界塔楼那一轮轮密布的广告，像一层层奶油蛋糕，他看不下去，提笔给主管城市建设工作的倪天增副市长写信，提出必须整顿建筑物上的广告。他在给《科技工作者建议》内参刊物写信谈整顿建筑物乱搭巨幅广告之事，十分动情地说："他以他的道德感和责任感以及他在建筑界的巨大影响在关心着新的上海。"

南京西路人民公园这一段的地形呈弧形布局，陈植认为这是跑马厅遗留下来的历史痕迹，不利于城市交通的畅通。于是他亲自到设计院档案室布置工作，让去测绘院购买地形图，然后他亲自做南京西路人民公园段道路拉直方案。现在南京西路与九江路拉直已经实现，上海高楼上的广告牌也得到了全面清理，历史保护建筑上的广告牌全部拆除。上海的城市空间变得整洁有序，这里倾注了陈植的一番心血和努力。

浦东新区大规模的建设和旧区改造也引起了陈植的关注，他在上海市建委科技委成立三周年的会上发言，建议成立一个专聘委员会，从事浦东建筑风格协调工作，使浦东的建筑能从单体到群体，再到环境管理，打造一个具有上海特色风貌的优美城区。对于上海旧区改造，陈植认为这是关系到广大市民切身利益的工程，据了解破旧的住房当有 400 万平方米，要改善居住条件需新建 800 万平方米，至于改造部分牵涉面恐有 2000 万平方米，"建议以北京菊儿胡同改造四合院的热烈精神，踏实步伐组织力量，尽早进行规划与设计，""改造工程重要性不亚于高楼大厦的炫耀性"，但是"事关全上海市民的要求"。

心系上海建设的陈植，年已花甲退而不休，他本着一个建筑师的职业道德和操守，充分发挥着一位建筑专家的光和热，不断地对上海城市建设提出意见和建议，而许多意见和建议都经历史的验证是正确的。

心系修志告诫传误

20世纪80年代上海地方志修编工作全面开展后，他热心建筑业的修志工作，不顾年迈写信给上海市建委建筑修志领导小组负责同志，提出了建筑修志必须"广集资料、去粗取精、去伪存真、刨根到底、无懈可击、传于后人"的箴言。看到《当代中国》丛书之一《当代中国的建筑业》一书在有的内容上存在较多史实上的谬误后，花了几天时间，查找文献资料，写了数千字史料予以校正。他给中国建筑工业出版社资深建筑学编审杨永生写信说："在志书一类著作中，尚情不自禁地要'管闲事'，纠人之误。如最近北京出版物在17页中就发现重大错误之处11处，秉笔直书两千余字，以防以误传误。此类闲事，不可不管"。

1994年近代中国建筑史研究学者赖德霖给陈植写信，请教

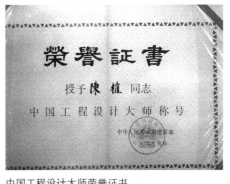

中国工程设计大师荣誉证书

华盖建筑师事务所史料,陈植看了赖德霖的稿件十分认真地写了回信,指出了关于华盖的介绍中存在的误点后,强调"刨根挖底,去伪存真,无懈可击,传之后人"的16字感悟,提出在研究,特别是落笔时千万要求真求精。真的反面是误,精的反面是泛,必须"严肃认真,取信于人,不可急于求成,受人指责,又树立权威是长期艰苦的过程,不是短期轻而易举的,调查研究,100%证实,对我来说搜集材料如履薄冰,握笔定论如举千钧。"

陈植对别人严格要求,对自己更是如此。1987年他应大百科全书编辑部之约撰写过建筑师学会条目。即便他是中国建筑师学会的元老之一,即便当年亲身经历学会的成立,然而在拟写这数百字的条目时,为了内容准确无误,他也不轻易动笔,认真地打电话给设计院档案室索要有关资料以作考证,当他收到复印的资

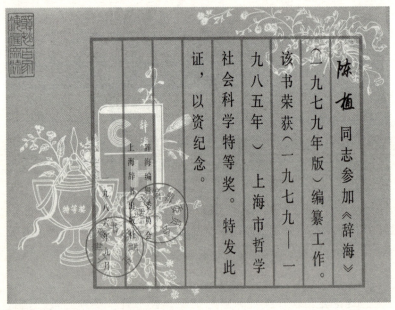

陈植参加1979年《辞海》编纂工作的证书

料后,高兴地给档案室同志写信说:"今日傍晚接到大礼,附有中国建筑师学会的有关材料,欣然万分。这一材料十分重要,并可使'大百科'的条目得到具体的充实。"

杨廷宝等一批建筑界前辈的相继去世,更促使陈植感到抢救历史史料的紧迫性,他虽然在家颐养天年,仍然在为建筑史料的修编忙碌着。他看了上海文化出版社出版的《东方巴黎——近代上海建筑史话》中"近代上海的建筑师"文章后,写信给作者说"阅后往事历历在目","我在沪偶亦参加《上海建设修志》工作,今年第一期送上作为参考。"信尾还特注:"请阅第一页我一文,请阅第17页张钦楠一文"。这是他对编史的年轻人寄予的厚望,并作出的具体指引。

他看了《上海近代建筑史稿》后,写信给作者,提出建筑师不全,事务所应写全名、排列顺序应按在沪开业计算起等意见,希望能修正、充实。他还花费很大精力,在家对中国建筑师史料反复推敲,整理编写了数百字文字资料给作者。之后又写信给作者说:"上次寄上零星资料,恐已只有我一人知之","我之所以如此急于编资料,目的只有一个,将我这个活见证所知道的一切摘要留存。"他还语重心长地说:"我行将就炉,向我垂询为时不多,望多利用。现在不抓,越来越失真,甚至谬传矣。"

怀念好友流露真情

陈植与几位挚友的感情颇深，尤其与童寯始终保持亲密的联系，常通电话、写信。长子艾先曾在童寯任教的南京工学院读书，两家子女也都有往来。陈植说："他（童寯）与我同窗五年，共事二十载，意气相投，成为莫逆之交"，他欣赏童寯品德高洁，待人接物谦逊宽厚，更欣赏童寯的才华。20世纪80年代初，在收到童寯送来的画集后，致信说："展阅之余，钦佩感激之情难以用词句表达。"他称赞童寯是"中国建筑界在理论、创作、著作、绘画方面唯一的杰出全才。"1982年童寯患病按医生建议到北京化疗，陈植闻讯心急如焚："寯兄，驾到京后，治疗情况如何"，安慰他"按理应可奏效"，"在此即与鹭汀及子女遥祝吾兄治疗胜利完成，未来的岁月中，在健康复原的情况下，不断出著作成果！"

童寯逝世后，陈植怀着沉痛的心情书写了"意境高远，才华横溢"的悼文发表在1983年10月出版的《建筑师》杂志第16期上。文中称赞童寯是"我国杰出的建筑师、建筑学家、建筑教育家"，他的逝世是"我国建筑界的一个巨大损失。"在陈植的心目中，童寯"品德高洁，刚正不阿，秉性耿直，从不随波逐流、应声附和，从不自傲自负，思名思利"；"待人接物谦逊宽厚，对个人成就从不流露自满情绪，甚至认为不足挂齿，因之所作数百幅水彩画从不示人自夸"；"他才华横溢，学贯中西，通古识今，是一位遍览群书、知识渊博的学者"。陈植还说："童寯同志手不释卷，笔不离手。他精通英文，通晓德、法文，习惯于边阅读，边摘录，积累资料，从多个角度分析问题，在理论上深入探讨。"悼文最后说："永别矣，童寯同志！你的高尚精神境界、思想品质为后人树立了楷模"，字里行间流露出陈植对童寯的深厚感情。

梁思成是陈植青年时代的挚友，陈植说"思成兄肖牛，长我一岁。我曾告他：你牛劲十足，可以冲锋陷阵；我生于午刻，虎正酣睡，威力尽失。思成兄终于冲锋陷阵，驰名于国内外建筑界。"他回忆在美国宾夕法尼大学留学期间，"思成兄在建筑设计方面群落窠臼，成绩斐然，几次评为一级，它的设计构图简洁，朴实无华，但亦曾尝试将建筑与雕塑相结合，以巨型浮雕使大幅墙面增添风韵。他的渲染，水墨清澈，偶用水彩，则色彩雅淡，明镜脱俗。""除了建筑设计外，思成兄对建筑史及古典装饰饶有兴趣，课余常在图书馆翻资料，做笔记，临插图，在掩卷之余，发思古之情。""追溯到抗战时期，我不得不对思成兄，徽因姐在李庄时，在经济窘困，重病缠身的处境下所表现的献身精神，惊人毅力，表示无限的钦佩。""他俩在今人难以置信的苦难下，顽强地战斗在建筑考古的阵地上，在两三只灯草的菜油灯（当地无煤油供应）下，深夜阅读写作。20年前买的英文打字机色带用尽。思成兄自调制墨汁，涂在旧带上继续使用。他脊髓神经作痛，在写作绘图时必须以小花瓶撑住下颌，才能伏案工作。用英文写的《图像中国建筑史》(《A Pictorial History of Chinese Architecture》)就在他心力交瘁的情况下，由徽因姐悉心协助最后脱稿。此书是他呕心沥血十余年的结晶，书中所附的210余张图纸和照片曾由他1947年在美讲学归来前留交费正清夫人设法在美出版。这一著作经费慰梅女士多方努力，将一度遗失的原稿从外国追回，并在 1984 年问世后在美国得到极高的评价。普林斯顿大学的中国文化史教授莫特（Frederick W. Mote）、华盛顿费利尔美术博物馆馆长劳敦（Thomas Lawton）、哈佛大学东方美术教授雷尔（MaxLoehr）等专家对这一名著表示了高度的赞赏，称之为'对中国文化的理解做出了最宝贵的贡献'，'不仅是对中国的叙述，而是可能成为有重要影响的历史性文献'。麻省理工学院的出版社亦因此获得 1984 年全美最优秀出版物的荣誉。"1986 年陈植为纪念梁思成诞辰 85 周年，特地撰写了"缅怀思成兄"纪念文章，他对梁思成一生的概括是"学识渊博，才华横溢，毅力惊人，贡献突出"。

爱妻爱子感情深切

陈植的夫人董鹭汀是著名报人董显光的长女，在美国进修音乐时与留学美国的陈植相识、相知直至相爱。陈植与董鹭汀婚后相亲相爱，形影不离。1929年鹭汀对陈植一同前往东北大学，1931年又一同来到上海。在新中国成立前夕，夫人亦听从与尊重陈植的选择，决定留在上海。陈植对妻子的理解和支持心怀感激，还曾以祖传书画的方式传递自己对妻子的情感。

陈植在美国学过西洋水彩画，回国后师从中国画名家汤定之，加之秉承了书画世家的天赋与修养，他能画出一手好画。曾为妻子特地做了一副金底牡丹花卉扇面，象征着女性的雍容华贵。

1973年妻子患脑溢血半身不遂，陈植不离不弃，对爱妻更是体贴有加，病榻相伴19载。1992年夫人病逝，他悲痛万分，用苍劲的笔力写下"忆鹭：六十二载瞬即逝，恩爱钟情永铭志，一旦永诀心睁裂，愿卿稍待我即来"。他生前遗嘱"我去世后决不作任何报道，不设家奠，遗体直送往火葬，然后与鹭汀骨灰盒同放……"，可见陈植爱妻至深，希望与之生生世世相伴永远。

陈植本性谦逊、低调，对子女和小辈的教育亦是如此。为了长子艾先结婚之事，他写了意深情长的书信，他在信中说："你们将要结婚,使我们全家无限地快慰欢庆!你俩共同的幸福生活,使我们全家无限地快慰欢庆!你俩共同的幸福生活即将开始,我们全家都祝你俩永远相敬相爱,相互支持,相互为规。关于结婚的准备已如你俩所愿,我们亦乐于如此。按以往习惯可算为简单,照现在的风气亦不是一般人所能赞许"。"你俩与我都是国家干部……人们对我们的要求更要高些。""我希望你们结婚的当日、当日晚和次日、再次日,除两家聚餐外(各自分摊费用),其他一概越简越不突出越好。"艾先大女儿结婚时,已是87岁高龄的他满腔热忱地握笔作画,赠送一幅青松图,希望小辈"如青松之坚贞"。

主要参考书目

张清平.林徽因传.北京：百花文艺出版社，2009.

陈学勇.莲灯微光里的梦——林徽因的一生.北京：人民文学出版社，2004.

龙靖.林徽因画传.哈尔滨：哈尔滨出版社，2005.

费慰梅.中国建筑之魂.上海：上海文艺出版社，2004.

林洙.梁思成、林徽因与我.北京：清华大学出版社，2004.

窦忠如.梁思成传.天津：百花文艺出版社，2007.

费慰梅.梁思成和林徽因.法律出版社，2010.

《童寯文集》第四卷.中国建筑工业出版社，2006.

王军.城记.北京：生活读者新知三联书店，2003.

主要参考文献资料

雾淞．东北电力学院石头楼．新浪博客
《被遗忘了的锦州第一所大学——东北交通大学》百度网页
蒋春倩．华盖建筑事务所研究（1931~1950）．硕士论文 2008
朱振通．童寯建筑实践历程研究（1931~1949）．硕士论文，2006
陈植．回忆鲁迅纪念馆的设计构思．1990
陈植，汪定曾．上海虹口公园改建记——鲁迅纪念墓和陈列馆的设计．1956
陈植．对建筑形式的一些看法．建筑学报1959年第7期
陈植．试探建筑艺术的若干问题．建筑学报1961年第9期